Markus Hornig

30 Minuten

Gewohnheiten ändern

© 2016 SAT.1 www.sat1.de Lizenz durch ProSiebenSat.1 Licensing GmbH, www.prosiebensat1licensing.com

Bibliografische Information der Deutschen Nationalbibliothek

Die Deutsche Nationalbibliothek verzeichnet diese Publikation in der Deutschen Nationalbibliografie; detaillierte bibliografische Daten sind im Internet über http://dnb.d-nb.de abrufbar.

Umschlaggestaltung: die imprimatur, Hainburg
Umschlagkonzept: Martin Zech Design, Bremen
Lektorat: Eva Gößwein, Berlin
Satz: Zerosoft, Timisoara (Rumänien)
Druck und Verarbeitung: Salzland Druck, Staßfurt

© 2016 GABAL Verlag GmbH, Offenbach

Hinweis:
Das Buch ist sorgfältig erarbeitet worden. Dennoch erfolgen alle Angaben ohne Gewähr. Weder Autor noch Verlag können für eventuelle Nachteile oder Schäden, die aus den im Buch gemachten Hinweisen resultieren, eine Haftung übernehmen.

Printed in Germany

ISBN 978-3-86936-734-7

In 30 Minuten wissen Sie mehr!

Dieses Buch ist so konzipiert, dass Sie in kurzer Zeit prägnante und fundierte Informationen aufnehmen können. Mithilfe eines Leitsystems werden Sie durch das Buch geführt. Es erlaubt Ihnen, innerhalb Ihres persönlichen Zeitkontingents (von 10 bis 30 Minuten) das Wesentliche zu erfassen.

Kurze Lesezeit

In 30 Minuten können Sie das ganze Buch lesen. Wenn Sie weniger Zeit haben, lesen Sie gezielt nur die Stellen, die für Sie wichtige Informationen beinhalten.

- Alle wichtigen Informationen sind blau gedruckt.

- Schlüsselfragen mit Seitenverweisen zu Beginn eines jeden Kapitels erlauben eine schnelle Orientierung: Sie blättern direkt auf die Seite, die Ihre Wissenslücke schließt.

- *Zahlreiche Zusammenfassungen innerhalb der Kapitel erlauben das schnelle Querlesen.*

- Ein Fast Reader am Ende des Buches fasst alle wichtigen Aspekte zusammen.

- Ein Register erleichtert das Nachschlagen.

Inhalt

Vorwort **6**

1. Zwischen Wunsch und Wirklichkeit **9**
Die (Miss-)Erfolgsquote der Veränderung 10
Veränderung ist möglich 11
Gehirngerechte Strategie 14

2. Was sind eigentlich Gewohnheiten? **17**
Die Natur der Gewohnheiten 18
Sinn und Zweck von Gewohnheiten 23
Selbst- und Weltbild 28

3. Wie entstehen Gewohnheiten? **33**
Die Programmierung des Autopiloten 34
Übung macht den Meister 39
Die „magischen" zehn Wochen 42

4. Sich von Gewohnheiten trennen **51**
Die Gewohnheitsschleife 52
Charles Duhiggs Selbstversuch 62
Die fünf Schritte zur Veränderung 67

5. Sich neue Gewohnheiten antrainieren **73**
Den Veränderungsprozess starten 74
Das Durchhaltevermögen stärken 80
Die Erfolge wahrnehmen 86

Fast Reader   **89**

Der Autor   **93**

Weiterführende Literatur   **94**

Register   **96**

Vorwort

Gehören Sie auch zu denen, die sich immer wieder – vorzugsweise zum Jahreswechsel – vornehmen, ihr Leben zu verändern? Haben Sie gute Vorsätze, wie regelmäßig Sport zu treiben, ein paar Kilos abzunehmen, stressfreier zu leben, weniger im Internet zu surfen, früher ins Bett zu gehen oder mehr Zeit mit der Familie zu verbringen? Kurz: Wollen Sie Ihre Gewohnheiten ändern, scheitern aber in schöner Regelmäßigkeit immer wieder? Das ist ab heute Vergangenheit, versprochen!

Dieser Ratgeber richtet sich speziell an jene, die möglicherweise schon einige frustrierende Erlebnisse hinter sich haben, weil sie vergeblich versucht haben, sich von unliebsamen Gewohnheiten zu trennen bzw. sich gezielt gesunde Gewohnheiten anzutrainieren.

„30 Minuten Gewohnheiten ändern" basiert auf neuesten wissenschaftlichen Studien, aus denen hervorgeht, welche Voraussetzungen der menschlichen Psyche zu berücksichtigen sind, wenn es darum geht, den Lebensstil Erfolg versprechend zu verändern. Dazu fasst dieser Ratgeber aktuelle Erkenntnisse der Verhaltenspsychologie, der Gehirn- und Motivationsforschung sowie des mentalen Trainings zu einem einleuchtenden, alltagstauglichen und für jedermann anwendbaren „Trainingsprogramm für den Kopf" zusammen.

Damit schaffen es sogar die, die sich selbst für undiszipliniert, faul und willensschwach halten, sich von unliebsamen Gewohnheiten zu trennen und neue Ziele zu erreichen.

Was Sie dazu benötigen? Zehn Wochen, in denen Sie bereit sind, systematisch an sich zu arbeiten, um sich selbst zu beweisen, dass es möglich ist, sich nachhaltig zu verändern. Keine Angst: Der Weg der „magischen" zehn Wochen macht Spaß und zeigt, dass Selbstveränderung kein unerreichbares Unterfangen ist, wenn man weiß, welche Gegebenheiten des Gehirns dabei zu berücksichtigen und welche Schalter im Kopf zu betätigen sind.

Nun liegt es an Ihnen, ob Sie bereit sind, zehn Wochen zu investieren, um Ihre schon lang gehegten Vorsätze dauerhaft in Ihrem Alltag zu verankern. Freuen Sie sich darauf!

Ihr
Markus Hornig

30 MINUTEN

Warum scheitern so viele
Menschen bei der Umsetzung
ihrer Vorsätze?

Seite 10

Welche Voraussetzungen sind
nötig, um Gewohnheiten zu verändern?

Seite 11

Welche Strategie verspricht den
meisten Erfolg?

Seite 14

1. Zwischen Wunsch und Wirklichkeit

Warum fällt es den meisten Menschen so schwer, sich von negativen Gewohnheiten zu befreien bzw. gut gemeinte Vorsätze dauerhaft in die Tat umzusetzen? Die Zahlen sprechen alljährlich dieselbe Sprache: Über die Hälfte der Deutschen nehmen sich zum Jahreswechsel vor, ihr Leben zu ändern. Regelmäßig Sport treiben, abnehmen, weniger Stress haben oder mehr Zeit mit der Familie verbringen, sind die Klassiker unter den Neujahrsvorsätzen. Leider schaffen es nur weniger als ein Viertel, diese Vorsätze nachhaltig in den Alltag zu integrieren. Welche „psycho-logischen" Voraussetzungen gilt es auf dem Weg der Veränderung zu beachten? Welche Grundlagen des Gehirns sind dabei zu berücksichtigen und welche Strategie führt langfristig zum Erfolg?

1.1 Die (Miss-)Erfolgsquote der Veränderung

Dass die Deutschen durchaus gewillt sind, sich zum Besseren zu verändern, zeigt sich immer wieder zum Jahreswechsel. Gemäß dem Motto „Am 1. Januar fange ich an!" wiederholen sich die Neujahrsvorsätze, wie eine repräsentative Studie des Forsa-Instituts auch für das Jahr 2015 feststellte: Demnach nehmen sich 60 % der Deutschen vor, im neuen Jahr stressfreier zu leben. Auf Platz zwei und drei landen, jeweils mit 55 %, die Vorsätze, mehr Sport zu treiben und mehr Zeit mit der Familie zu verbringen. 48 % wollen sich mehr Zeit für sich selbst nehmen, 34 % wollen abnehmen, 28 % sparsamer sein, und 15 % nehmen sich vor, weniger fernzusehen bzw. online zu sein. Dazu passt ein aktuelles Ergebnis von Forschern der Universität von Pennsylvania: Sie haben nachgewiesen, dass der Begriff „Diät" jeweils am 1. Januar um 82 % häufiger bei Google eingegeben wird als an den folgenden Tagen des Jahres. Gesundheit und Entschleunigung sind demnach die beiden Hauptkategorien, in die sich die Vorsätze der Deutschen zusammenfassen lassen. Diese Top 10 der gut gemeinten Vorsätze wiederholen sich Jahr für Jahr, was nicht verwunderlich ist, denn nur die wenigsten dieser Versuche der persönlichen Selbstoptimierung sind von Erfolg gekrönt. Leider schleicht sich zwischen Wunsch und Wirklichkeit ein scheinbar nur äußerst schwer zu überwindender Widersacher ein: der innere

Schweinehund! Er ist dafür verantwortlich, dass es nur ca. einem Viertel der Veränderungswilligen gelingt, die Vorsätze in die Realität umzusetzen. So berichtet der *Focus* in seiner Titelstory „So erreichen Sie Ihre Ziele" (*Focus*, 47/2015), dass die Erfolgsquote bei der Umsetzung der Neujahrsvorsätze bei den Männern bei 28 % und bei Frauen bei 19 % liege.

Schockierend in diesem Zusammenhang ist das Ergebnis einer Studie des Psychologen Robert Kegan von der Harvard University. Er stellte fest, dass es nur einem von sieben Herzinfarktpatienten nach einer Bypass-Operation gelingt, mit dem Rauchen aufzuhören bzw. sich gesünder zu ernähren. Konsterniert stellt er fest: „Wir glauben, die Patienten ändern ihr Verhalten, wenn für sie das Leben auf dem Spiel steht. Selbst der baldige Tod scheint nichts zu bewirken." (*Focus*, 2/2013, S. 104)

Studien belegen, dass es offenbar sehr schwer ist, den inneren Schweinehund zu überwinden. Die meisten guten Vorsätze werden nicht umgesetzt.

30

1.2 Veränderung ist möglich

Auch wenn diese Zahlen alles andere als optimistisch stimmen, darf man davon ausgehen, dass die Erfolgsquote um ein Vielfaches höher läge, hätten die Veränderungswilligen zwei Dinge zur Verfügung: fundiertes

Wissen darüber, wie Veränderung im Gehirn funktioniert, und eine entsprechende Strategie. Der Emotionsforscher Rolf Arnold bringt es auf den Punkt: „Selbstveränderung ist möglich. Wir brauchen dazu Wissen und Mut. Zunächst gilt es zu lernen, nach welchen Mechanismen unser Denken, Fühlen und Handeln funktioniert". (*Zeit Wissen*, 2/2010, S. 22)

Die Gehirnforschung hat mittlerweile einen guten Überblick darüber gewonnen, welche Mechanismen des Gehirns zu berücksichtigen sind, will man Vorsätze erfolgreich umsetzen. Das Credo der Neuroforscher lautet: Wir können uns ändern! Unser Gehirn kann umerzogen werden, wir können uns antrainieren, in bestimmten Situationen nicht mehr routine- bzw. gewohnheitsmäßig zu reagieren. Dafür sind zwei Voraussetzungen entscheidend: eine gehirngerechte Strategie, die auch die Bedeutung der Emotionen berücksichtigt, sowie eine Portion Geduld und Beharrlichkeit.

Denkbar ungünstig ist dagegen die irrige Annahme, ein Veränderungsprozess könne quasi nebenbei, sozusagen im Handumdrehen, abgewickelt werden. Das Gegenteil ist der Fall: Persönliche Veränderung ist motivationspsychologisch betrachtet ein hartes Stück Arbeit. Wer sich dessen nicht bewusst ist, dessen Erfolgschancen stehen von Anfang an schlecht. Als „False-Hope-Syndrom" bezeichnen es die beiden Wissenschaftler Janet Polivy und C. Peter Herman von der University of Toronto, wenn Menschen unterschätzen, wie schwierig die Auseinandersetzung mit sich selbst ist. Ihre Studien belegen, dass vor allem diejenigen, die zu viel auf einmal wollen – gemäß dem Motto: „Jetzt kremple ich mein ganzes Leben um!" –, zum Scheitern verurteilt sind. Hoch motiviert, aber schlecht informiert ist eine denkbar ungünstige Ausgangsposition, die schnell zu unrealistischen Erwartungen und damit zur vorprogrammierten Enttäuschung führt.

Veränderung als Projekt betrachten

Generell erweist es sich als günstig, den Veränderungsprozess als persönliches Projekt zu betrachten. Wer sich z. B. sagt: „In Zukunft gehe ich jeden zweiten Tag eine halbe Stunde joggen!", bei dem tauchen postwendend innere Widerstände auf. Besser ist es, sich erst einmal einen überschaubaren Zeitraum vorzunehmen, wie z. B.: „Mein persönliches Projekt für die nächsten zwei Monate besteht darin, zweimal in der Woche zu joggen!" Darüber hinaus ist es sinnvoll, sein persönliches Projekt mit einem Slogan zu versehen, etwa: „Der Herbst 2016 wird der Herbst des Laufens!"

Solch eine mentale Ausgangsposition verspricht von Anfang an größere Erfolgschancen, weil es sich zum einen um einen überschaubaren Zeitraum handelt und weil man sich zum anderen die Option offenhält, nach Ablauf dieses Zeitraums wieder zum alten Leben zurückzukehren. Ob dies dann tatsächlich der Fall sein wird, steht auf einem anderen Blatt. Der Trick dabei ist: Wer erst einmal in Fahrt gekommen ist und erste Erfolgserlebnisse ausgekostet hat, dessen Chancen steigen, das gewünschte Verhalten auch in Zukunft aufrechtzuerhalten.

Die Chancen, das eigene Verhalten zu ändern, steigen, wenn man sich bewusst ist, dass sich Gewohnheiten nicht einfach so nebenbei ändern lassen.

1.3 Gehirngerechte Strategie

Dass es nicht so einfach ist, Gewohnheiten zu ändern und gute Vorsätze in die Tat umzusetzen, zeigt schon der Blick in die Anatomie unseres Gehirns. Sitz unserer Vernunft ist die Großhirnrinde, genauer gesagt der sogenannte präfrontale Kortex. Diese überaus kleine Struktur mit dem Durchmesser einer halben Streichholzschachtel und einer Dicke von lediglich drei Millimetern ist zuständig für unser bewusstes Denken, das Treffen von Entscheidungen, das Umsetzen von Vorsätzen sowie das Unterdrücken von Impulsen. Alle anderen unter dieser ca. drei Millimeter dünnen Schicht der Großhirnrinde liegenden, tieferen Strukturen des Gehirns arbeiten hingegen unbewusst.

Als einen regelrechten Wettstreit der Systeme bezeichnen die Psychologen Professor Fritz Strack und Professor Roland Deutsch von der Universität Würzburg den Konflikt zwischen Selbstbeherrschung auf der einen und der Macht des inneren Schweinehunds auf der anderen Seite, also den Kampf zwischen dem „reflektiven" und dem „impulsiven" System. Das reflektive System ist zuständig für die Kontrolle des Verhaltens. Es ermöglicht uns, unsere Aufmerksamkeit auf etwas zu richten und uns zu konzentrieren, und ebenso benötigen wir es, um Entscheidungen abzuwägen und zu treffen, und nicht zuletzt, um unerwünschte Impulse zu unterdrücken. Es ist immer dann gefordert, wenn es darum geht, langfristige Ziele umzusetzen und dabei gegenwärtige Versuchungen im Zaum zu halten. Letztendlich dient es der Selbstbeherrschung, der Selbstkontrolle und dem Selbstmanagement. Demgegenüber steht das impulsive System, das auf unmittelbaren Lustgewinn ausgerichtet ist und das man als den Wohnsitz des inneren Schweinehunds beschreiben könnte.

Wenn es darum geht, Vorsätze nachhaltig umzusetzen, gilt es, dieses Modell zu verstehen und durch systematisches Training die zwei Systeme zu synchronisieren und zu einem Team zu formen.

Mehr als die Hälfte aller Deutschen haben Neujahrsvorsätze, doch weniger als einem Viertel gelingt es, diesen Vorsätzen dauerhaft Taten folgen zu lassen. Dabei fehlt es weniger am Willen als vielmehr an einer gehirngerechten Strategie sowie am Wissen darüber, wie Selbstveränderung aus psychologischer Sicht funktioniert.

30 MINUTEN

Welche Rolle spielen Gewohnheiten im Alltag?

Seite 18

Warum sind Gewohnheiten besser als ihr Ruf?

Seite 23

Ist unser Denken wirklich frei?

Seite 28

2. Was sind eigentlich Gewohnheiten?

Der Mensch ist ein Gewohnheitstier! Gewohnheiten prägen die Verhaltensweisen einer Person und auch das Bild, das andere von ihr haben. Schon Konfuzius schrieb: „Von Natur aus sind alle Menschen gleich, erst durch ihre Gewohnheiten werden sie verschieden."
Gewohnheiten sind bei Weitem nicht so schlecht wie ihr Ruf, im Gegenteil: Ohne Gewohnheiten wäre der Mensch hoffnungslos überfordert. Stets volle Konzentration aufwenden zu müssen, z. B. aufs Zähneputzen oder Schuhebinden, würde uns die Fähigkeit rauben, uns auf die wichtigen Dinge zu konzentrieren. Das unbewusste Abspulen von Gewohnheiten ist im Vergleich zur bewussten Konzentration, die wir benötigen, um beispielsweise rückwärts einzuparken, ungemein energiesparend und ökonomisch.
Allerdings ist es gar nicht so einfach, Gewohnheiten zu ändern. Dabei kommt es darauf an, die sich hinter den Gewohnheiten verbergende Psychologie und deren Sinnhaftigkeit zu verstehen. Dann erkennt man, welcher Strategie es bedarf, um Gewohnheiten dauerhaft zu verändern.

2.1 Die Natur der Gewohnheiten

Schon beim morgendlichen Aufwachen stehen wir unmittelbar unter dem strengen Diktat unserer Gewohnheiten. Unser Tag verläuft stets mit derselben Routine, die uns vom Beginn bis zum Ende des Tages fest im Griff hat. Unsere Gewohnheiten bestimmen, wie wir uns beim Duschen einseifen, uns abtrocknen und die Zähne putzen; wie wir beim Frühstück den Kaffee umrühren, das Brötchen schmieren, die Zeitung lesen; wie wir beim Telefonieren auf und ab gehen oder in Besprechungen mit dem Kuli spielen; wie wir uns ausdrücken, in welchem Dialekt und Tempo wir sprechen oder welche Redewendungen wir nutzen; wie wir auf Menschen zugehen, ob freundlich und offen oder reserviert und introvertiert; wie wir gehen, sitzen oder wie wir schreiben: All das sind eigenständig ablaufende Programme, die unser Gehirn völlig automatisch und routiniert abspult.

> Die Psychologie beschreibt eine Gewohnheit als Tendenz des Menschen, in wiederkehrenden Situationen in gewohnter oder mechanischer Weise zu handeln und sich zu verhalten.

Gute und schlechte Gewohnheiten

Für viele Menschen ist der Begriff „Gewohnheit" zunächst einmal negativ besetzt. Sie berichten davon, dass sie eine Reihe schlechter Gewohnheiten hätten und dass sie schon diverse Male versucht hätten, sich von diesen zu befreien. Ob ungesunde Ernährung, zu wenig Sport, chronischer Stress, übermäßiger Alkoholkonsum, zu viel Internet oder zu wenig Schlaf – die Liste unliebsamer Gewohnheiten ist lang und mannigfach und die der Versuche, sich von diesen zu trennen, ist es ebenso. „Der Weg zur Hölle ist gepflastert mit guten Vorsätzen!", lautet ein Sprichwort, das treffend beschreibt, wie oft sich Menschen vornehmen, ihre Gewohnheiten zu verändern, und dann doch bei der Umsetzung immer wieder an sich selbst scheitern.

Nun handelt es sich zwar sicher um schädliche Gewohnheiten, wenn man sich gleich morgens nach dem Aufstehen die erste Zigarette anzündet oder allabendlich bis weit nach Mitternacht durch die TV-Kanäle zappt, doch in diesem Zusammenhang wird auch klar: Indem wir von schlechten Gewohnheiten sprechen, legen wir eigene Bewertungsmaßstäbe an. Wir verurteilen uns für unsere Gewohnheiten, bekämpfen das, was wir unterdrücken wollen, und bekämpfen uns damit auch selbst. Fakt ist: Auch vermeintlich schlechte Gewohnheiten sind ein Teil unserer Persönlichkeit.

Weniger bewusst sind uns hingegen meist unsere guten Gewohnheiten: Wir räumen beispielsweise das Geschirr nach dem Essen direkt in die Spülmaschine, halten den Schreibtisch in Ordnung, sind freundlich zu den Kollegen, bringen jeden Tag mindestens eine Stunde für die Kinder auf oder haken gewissenhaft die To-do-Liste im Büro ab. Wenn Sie sich einmal bewusst machen, mit wie vielen positiven Gewohnheiten Sie durch den Alltag navigieren, werden Sie erstaunt sein, wie lang diese Liste ist.

> **→ Gehen Sie mit der richtigen Einstellung an den Start!**
> Die Einstellung, mit der man sich auf den Weg macht, um sich von unliebsamen Gewohnheiten zu verabschieden, spielt eine zentrale Rolle für den Erfolg. Mit Wille, Gewalt und einer inneren Stimme, die Ihnen unterschwellig sagt, dass Sie ohnehin „schwach" und „unfähig" sind, weil Sie ja schon so oft versagt haben, ans Werk zu gehen, ist denkbar schlecht. Sehen Sie den Veränderungsprozess vielmehr als Chance, mehr über sich zu erfahren. Sehen Sie das Entwicklungspotenzial und das neue Selbstbewusstsein, das Sie gewinnen können. So schwindet der innere Druck und es entsteht Lust auf Veränderung.

Autopilot und manuelle Steuerung

Wie stark uns unsere Gewohnheiten ohne unser bewusstes Zutun steuern, lässt sich sehr gut am Beispiel Autofahren beobachten. All die komplexen Vorgänge, das Lenken, Kuppeln, Schalten, Bremsen und Gasgeben bei gleichzeitigem Beobachten des Verkehrs, erledigen wir in der Regel routiniert, ohne dass wir uns darauf besonders konzentrieren müssten. Wir steuern das Fahrzeug mit unbewusster Konzentration, was sich daran zeigt, dass wir während der Fahrt gedanklich oft ganz woanders sind. Wir malen uns im Geiste schon aus, was uns wohl an diesem Tag im Büro erwartet, sinnieren darüber, was unser Partner beim Frühstück mit seiner ironischen Bemerkung gemeint haben könnte, oder gehen gedanklich die Liste für den Einkauf nach Dienstschluss durch.

Erst wenn etwas Überraschendes passiert, z. B. die Ampel auf Rot springt oder ein Fußgänger unerwartet die Straße überquert – sprich die Situation nicht mehr stereotyp ist –, schaltet sich die bewusste Konzentration ein und übernimmt das Kommando. Unser Gehirn schaltet von „Autopilot" auf „manuelle Steuerung", die so lange beibehalten wird, bis die Situation behoben ist. Die sich dahinter verbergende Logik ist denkbar einfach und verständlich: Müssten wir uns bei allem, was wir im Alltag zu erledigen haben, bewusst konzentrieren, wüssten wir nicht mehr, wo uns der Kopf steht. Wir wären überfordert von den komplexen Anforderungen des Alltags, der uns permanent Entscheidungen abverlangt, und hätten keine Ressourcen frei, um uns auf wichtige Dinge zu fokussieren bzw. um geistig zu arbeiten.

Gewohnheiten steuern 50 % unseres Tages

Die Erkenntnis, dass unser Gehirn über einen Autopiloten verfügt, der viele Dinge des Tages in Eigenregie erledigt, ist eine zentrale Voraussetzung, um ein tieferes Verständnis von Gewohnheiten zu entwickeln. Der Anteil der automatisierten Tätigkeiten im Vergleich zu dem der bewussten, willentlichen Handlungen ist überraschend hoch: „Zwischen 30 und 50 % unseres täglichen Handelns werden durch unsere Gewohnheiten bestimmt" (*Stern*, 11/2011, S.125f.), hat Bas Verplanken, Professor für Sozialpsychologie an der University of Bath in England, in seinen über 20 Jahre andauernden Forschungsarbeiten zu dem Thema Gewohnheiten herausgefunden.

Diese Zahl deckt sich mit den Ergebnissen zahlreicher anderer internationaler Studien und bringt unsere Vorstellung vom vernunftgesteuerten Bürger, der seine Entscheidungen stets rational und überlegt fällt, doch stark ins Wanken. In der Regel spielt das bewusste Entscheiden und Abwägen eine weitaus geringere Rolle und ist weit weniger zielorientiert, als wir denken. Irgendwann trinken wir die lauwarme Brühe, die uns der Automat in der Firma als Kaffee anbietet, und zwar nicht weil sie uns schmeckt, sondern schlicht und einfach weil wir uns daran gewöhnt haben.

30 *Unser Gehirn verfügt über zwei Betriebssysteme: die unbewusste Konzentration, die unsere Gewohnheiten steuert, und die bewusste Konzentration, mit der wir z. B. eine Rechenaufgabe lösen. Wissenschaftler gehen davon aus, dass mehr als 50 % unseres täglichen Handelns von unseren Gewohnheiten gesteuert werden.*

2.2 Sinn und Zweck von Gewohnheiten

Ein wesentliches Merkmal von Gewohnheiten ist, dass sie unbewusst ablaufen. Man muss sich weder einen Befehl erteilen, noch muss man bei der routinemäßigen Ausübung einer Tätigkeit – wie z. B. Zähneputzen oder sich im Auto anschnallen – bewusste Konzentration aufwenden. Wie bereits beschrieben, stehen unserem Gehirn zwei unterschiedliche Betriebssysteme zur Verfügung, es kann demnach zweigleisig fahren: Wir können beim Zähneputzen Nachrichten hören, beim Kaffeetrinken Zeitung lesen oder beim Schuhebinden mit unseren Kindern sprechen.

Hier zeigt sich der tiefere Sinn von Gewohnheiten: Sie entlasten das Leben! Professor Reinhard Fuchs, Leiter des Ressorts Sportpsychologie an der Universität Freiburg, erklärt: „Ohne Gewohnheiten wären wir dazu verurteilt, jede noch so kleine Handlung neu zu planen und gedanklich zu begleiten – und zwar den ganzen Tag lang. Vom morgendlichen Kaffeemachen bis zum Schlafengehen." (*Stern*, 11/2011, S.125f.) Unser Gehirn wäre total überlastet und überfordert von der Aufgabenvielfalt des Alltagslebens.

Gäbe es keine Gewohnheiten, stünden wir unter dem Zwang, permanent bewusste Entscheidungen treffen zu müssen, und müssten uns mit jeder Banalität bewusst auseinandersetzen. Gewohnheiten steuern z. B., in welcher Reihenfolge wir morgens die Kleidungsstücke anziehen, wie wir das Auto bedienen, um an der roten Ampel zum Halt zu kommen, oder in welcher Abfolge wir die Finger bewegen, wenn wir auf dem Handy eine SMS eintippen. Und nicht zuletzt helfen sie uns dabei, uns nicht in Belanglosigkeiten und Unwichtigem zu verzetteln.

Gewohnheiten sind selbstständige Programme

Es scheint, als würde das Gehirn sich sagen: *„Handgriffe und Tätigkeiten, die immer nach demselben Schema ablaufen, lerne ich auswendig und mache daraus eigenständige Programme, die bei Bedarf vollautomatisch, präzise und zuverlässig das Handeln übernehmen!"*
Unser Gehirn strebt danach, für alles, was wir tun, Muster zu entwickeln. Diese bestimmen dann, was wir essen und trinken, wann wir schlafen, sogar wen wir mögen und wie wir denken und die Welt wahrnehmen. Sind die Programme erst mal installiert, dann agieren wir, als würde in uns ein Autopilot das Kommando übernehmen.

Solche Automatismen können im Laufe der Zeit sogar so stark werden, dass wir die Abläufe zwar (theoretisch) auch noch bewusst mit dem Verstand steuern könnten, aber das würde zu einem Ergebnis führen, das bei Weitem nicht so schnell, sicher und virtuos wäre. Ein Skifahrer, der beim Hinabwedeln des Hanges darüber nachdenkt, wie er das macht, verliert seinen Schwung, ein Klavierspieler kommt aus dem Takt, sobald er versucht, seine Finger bewusst zu steuern.

Überlegen Sie einmal, in welchem Tempo und mit welcher Treffsicherheit Sie die Tastatur Ihres PCs oder Handys betätigen. Würde Sie jemand auffordern, anzugeben, mit welchem Finger Sie welchen Buchstaben tippen, wie sähe da Ihre Antwort aus?

Gewohnheiten sparen Energie

Neben der beschriebenen Entlastung des Lebens durch Gewohnheiten spielt das Thema Energieeffizienz eine zentrale Rolle. Allein die Tatsache, dass wir für routinemäßige Tätigkeiten keine bewussten Entscheidungen treffen müssen, spart Energie. Angelegenheiten, die stereotyp immer nach demselben Schema ablaufen, müssen nicht immer neu überdacht, abgewogen und entschieden werden. Alles, was zur Routine wird, wird vom Autopiloten höchst zuverlässig, effizient und energiesparend erledigt.

Im Vergleich zum Bewusstsein arbeitet unser Autopilot deutlich energieschonender. Forscher gehen davon aus, dass unser Bewusstsein ca. 80 % der mentalen Energie verschlingt, nur ca. 20 % werden hingegen von den automatisierten Tätigkeiten beansprucht. Für alles, was die Routine übersteigt, muss das Gehirn neue Botenstoffe und Rezeptoren bilden, Signalkaskaden hochfahren etc. – alles Prozesse, die mit einem hohen Energieaufwand verbunden sind.

Bewusstsein ist aus evolutionärer Sicht ein Luxus, daher schaltet unser Gehirn, wann immer es geht, auf Autopilot. „Die Konfrontation mit neuen und komplexen Dingen erfordert Bewusstsein, Aufmerksamkeit und Konzentration, daher strebt das Gehirn danach, alles zu routinisieren", erklärt Neuroforscher Professor Gerhard Roth. Er fügt hinzu: „Gewohnheiten sind sowohl stoffwechselbiologisch als auch neuronal billig." (*Zeit Wissen*, 2/2013, S.17.)

Stellen Sie sich vor, Sie müssten jeden Schritt beim Hinabgehen einer Treppe oder jede Bewegung beim Abtrocknen nach dem Duschen stets mit vollem Bewusstsein begleiten. Das würde eine Unmenge mentaler Energie verschlingen. Erst durch die Möglichkeit, solche Tätigkeiten vom Autopiloten erledigen zu lassen, haben wir Energie frei für die wirklich wichtigen Dinge.

Gewohnheiten geben Sicherheit

Zunächst ein kleiner Selbstversuch: *Legen Sie das Buch kurz zur Seite und verschränken Sie Ihre Arme. Wiederholen Sie das zehnmal. Welcher Arm war oben, welcher unten?*

Bei Rechtshändern war in der Regel der rechte Arm oben, bei Linkshändern der linke.

Wiederholen Sie nun diese Aufgabe, indem Sie den unteren Arm nach oben bringen und den oberen nach unten. Wie fühlt sich das an?

Wahrscheinlich ungewohnt, ein wenig „fremd" und seltsam. Dieses kleine Beispiel zeigt, wieso der Mensch nicht unbedingt ein Freund der Veränderung ist. Wir Menschen lieben unsere eingefahrenen Gleise, denn sie liefern uns einen Aspekt, der für unser Leben von elementarer Bedeutung ist: Sicherheit!

Die Urbotschaft der Gewohnheit lautet: „Mach es so wie immer! Das kann nicht falsch sein!" Daher tragen wir eine starke Tendenz in uns, Dinge stets so zu tun, wie wir sie schon immer getan haben. Das Gehirn folgt dem Grundsatz, dass das, was sich in der Vergangenheit bewährt hat, auch in Zukunft nicht schaden kann. Dies zeigt sich an vielen kleinen Dingen unseres Alltags: von der Zahnpasta über die Tageszeitung, unserem Parkplatz am Bürogebäude, das Essen im Restaurant bis hin zur Wahl des Fernsehprogramms. Unser Gehirn liebt das Bewährte und seine bequeme Zone! Gewohntes Terrain zu verlassen bzw. ohne Not Neues zu wagen, ist nicht so sehr unser Ding, da ein neuer Schritt auch immer mit einem Quäntchen Unsicherheit verbunden ist. Daher belohnt das Gehirn den, der bei seinen Gewohnheiten bleibt, mit Gefühlen der Sicherheit und Geborgenheit.

Gewohnheiten geben dem Alltag Struktur

Die Einförmigkeit der Gewohnheiten vermittelt uns in einer immer komplexer werdenden Welt Stabilität und Sicherheit und sorgt dafür, dass unser Ich, egal wo wir uns befinden, ein konstantes Zuhause hat. Gleichzeitig geben uns Gewohnheiten Orientierung bei der Frage, was als Nächstes zu tun ist. Damit prägen sie die Struktur unseres Alltags und bringen Ordnung in unser Leben. Natürlich hat dies auch eine Kehrseite, denn auf diese Art können uns Gewohnheiten auch in unserer Entscheidungsfreiheit einschränken oder uns starr und unflexibel machen. Dennoch sind unsere Gewohnheiten zunächst einmal sinnvoll, denn sie schaffen für uns eine Basis, damit wir in einer immer komplexer werdenden Welt die Übersicht behalten und mit Selbstsicherheit durch den Alltag navigieren können.

30 *Für Tätigkeiten und Abläufe, die immer nach demselben Schema ablaufen, fertigt das Gehirn autonom und zuverlässig arbeitende Programme an – die Gewohnheiten. Sie entlasten das Leben, sparen Energie, geben Sicherheit, weil sie sich in der Vergangenheit bewährt haben, und verleihen dem Alltag Struktur.*

2.3 Selbst- und Weltbild

„Auch das Denken liebt die Gewohnheit!", lehrte schon Aristoteles. Wer sich selbst einmal beobachtet, wird schnell feststellen, dass wir eine starke Tendenz in uns haben, mit für uns typischen Denkmustern auf unsere Außen- wie auch auf unsere Innenwelt zu reagieren. Professor Gerald Hüther beschreibt in seinem Buch „Die Macht der inneren Bilder" die Tendenz des Menschen, in ähnlichen Situationen ähnlich zu denken und zu reagieren. Ursächlich für stereotypes Denken und Verhalten sind demnach hochkomplexe Nervenzellverschaltungen, die im Laufe des Lebens entstanden sind. Sie sind dafür verantwortlich, dass unser Denken, Fühlen und Handeln immer in ganz bestimmten, für uns typischen Bahnen verläuft. Er bezeichnet dies als „Rückgriff auf handlungsleitende, Orientierung bietende innere Muster" (Hüther, 2015, S. 16), die den Menschen dazu bringen, genauso zu denken und zu handeln, wie er es in der Vergangenheit schon getan hat.

Es lassen sich Verhaltens-, Gefühls- und Denkgewohnheiten unterscheiden.

- Zu den Verhaltensgewohnheiten zählt beispielsweise, ob wir ordentlich oder schlampig, pünktlich oder unpünktlich sind oder ob wir im Gespräch mit anderen höflich oder kurz angebunden sind.

- Gefühlsgewohnheiten zeigen wiederum, wie wir mit unseren Emotionen umgehen. Sie bestimmen, wie schnell wir ärgerlich oder aufbrausend werden, wie man uns kränken kann oder wie wir gewöhnlich auf Kritik reagieren.

- Zu den Denkgewohnheiten gehört, was wir persönlich als gut oder schlecht bewerten, z. B. wie wir über das Handeln der Regierung in der Flüchtlingskrise denken, oder auch, welche Vorlieben und Abneigungen wir hegen, ob wir also z. B. einen Fußballklub, eine Partei oder eine bestimmte Marke bevorzugen, und auch, wofür wir mit unserer Überzeugung einstehen, z. B. Klimaschutz oder Chancengleichheit. Aber auch, wie wir uns selbst sehen – sprich unser Selbstbild –, ist stark von unseren Denkgewohnheiten geprägt: ob wir uns für selbstbewusst oder schwach halten, ob wir es jedem recht machen wollen oder unabhängig sind oder ob wir uns zu den Optimisten oder Pessimisten zählen.

Die Gesamtheit unserer Denkgewohnheiten spiegelt sich in unserem Selbst- und Weltbild wider. Dieses filtert unsere Wahrnehmung sowohl der Außen- als auch unserer Innenwelt. So entsteht die subjektive Wirklichkeit in unserem Kopf.

Erkenne dich selbst!

Was Forscher heute erkennen, wussten bereits die alten Griechen. Die griechischen Philosophen lehrten, dass man lernen soll, Herr und nicht Sklave seiner Gedanken zu werden. Die heute noch zu lesende Inschrift am Apollotempel von Delphi, „Erkenne dich selbst!", weist darauf hin, dass Selbsterkenntnis eine tägliche Übung sein sollte und dass dies die Basis für die persönliche Weiterentwicklung darstellt.

Heute wissen Psychotherapeuten, dass man seine Denkgewohnheiten und Einstellungen durch entsprechendes Üben systematisch trainieren und verändern kann. Die sogenannte kognitive Verhaltenstherapie, mit der sich persönliche Einstellungen und Denkmuster erfolgreich verändern lassen, basiert auf demselben Prinzip wie körperliches Training: Zunächst einmal gilt es, die Schwäche zu erkennen sowie die Situationen, in denen sie auftritt. Dann wird analysiert, ob es nicht

Möglichkeiten gäbe, sich in der entsprechenden Situation mental anders zu verhalten, und schließlich wird diese neue Einstellung so lange eingeübt, bis sie in Fleisch und Blut übergegangen ist. So, wie man es sich zur Gewohnheit machen kann, die Treppe anstatt den Aufzug zu nehmen, kann man auch Denkgewohnheiten verändern: durch systematisches mentales Training!

Eine Gewohnheit ist eine Tendenz des Menschen, sich in wiederkehrenden Situationen in gewohnter *oder mechanischer Weise zu verhalten, ohne dabei nachzudenken oder sich bewusst einen Befehl erteilen zu müssen.*
Gewohnheiten prägen maßgeblich unser Leben. So sind unsere Verhaltensgewohnheiten unsere typischen Eigenschaften, unsere Gefühlsgewohnheiten bestimmen, wie wir z. B auf Kritik reagieren, und unsere Denkgewohnheiten formen unser Selbst- und Weltbild.
Gewohnheiten entlasten, sparen Energie und geben Sicherheit und Orientierung. Dennoch ist es manchmal unser Ziel, eine bestimmte Gewohnheit zu ändern – durch mentales Training ist das möglich.

30 MINUTEN

Was hat es mit den berühmten
Pawlow'schen Hunden auf sich?
Seite 34

Wie lassen sich gezielt neue
Gewohnheiten antrainieren?
Seite 39

Wie lange dauert es, bis eine neue
Gewohnheit entstanden ist?
Seite 42

3. Wie entstehen Gewohnheiten?

Meist wissen wir gar nicht, woher unsere Gewohnheiten stammen. Die meisten, wie z. B. unsere Ernährungsgewohnheiten, haben sich schon in früher Kindheit etabliert. Andere hingegen, wie z. B. spätabends im Bett noch auf Facebook zu surfen, sind erst später hinzugekommen.

In der Regel haben wir uns unsere Gewohnheiten nicht ausgesucht. Sie sind unbewusst entstanden, ohne dass wir selbst etwas dazu beitragen mussten. Unbewusste Nachahmung, ein Vorbild, dem man folgt, die elterliche Erziehung oder schlicht und einfach die Art und Weise, wie man sich selbst belohnt (z. B. mit Süßigkeiten), all das sind die typischen Wege, die zu unseren Gewohnheiten führen.

Nun gilt es zu verstehen, wie Gewohnheiten im Gehirn entstehen und nach welchen Prinzipien sie arbeiten. Mit diesem Know-how und einer entsprechenden Strategie lassen sich systematisch erwünschte Gewohnheiten antrainieren und Vorsätze dauerhaft umsetzen.

3.1 Die Programmierung des Autopiloten

Einer der ersten Forscher, die sich mit der Entstehung von Verhaltensweisen und Gewohnheiten beschäftigten, war der russische Nobelpreisträger Iwan Pawlow, der sich bereits Ende des 19. Jahrhunderts mit diesen Fragen befasste. Auf ihn gehen die berühmten Pawlow'schen Hunde zurück, die im Mittelpunkt seines heute noch legendären Forschungsprojekts standen. Pawlow stellte fest, dass die Speichelsekretion seiner Schäferhunde nicht erst mit dem Fressvorgang begann, sondern bereits beim Anblick des Futters einsetzte.

Doch wichtiger war eine ganz andere, eher zufällige Entdeckung: Pawlow läutete vor der Fütterung stets mit einer Glocke. Nach einiger Zeit bemerkte er, dass den Hunden auch dann das Wasser im Maul zusammenlief, wenn gar kein Futtertrog in der Nähe war – allein das Läuten der Glocke reichte schon aus. Pawlow bezeichnete diesen Mechanismus als konditionierten Reflex, was bedeutet, dass eine bestimmte Bedingung (Kondition) eine bestimmte Reaktion (Reflex) auslöst. Er zeigte damit als erster Wissenschaftler, dass es durch systematisches Training möglich ist, Reize aus der Außenwelt (Glocke) mit bestimmten körperlichen Reaktionen (Speichelfluss) zu verbinden, und: dass diese antrainierten Verhaltensmuster nach einer gewissen Zeit unbewusst ablaufen.

Priscilla

Den Harvard-Psychologen Frederic Skinner trieben in den 1930er-Jahren dieselben Fragen an wie Pawlow. Er erregte Aufsehen, weil er Priscilla beibrachte, ein Radio ein- und auszuschalten oder einen Einkaufswagen durch den Supermarkt zu schieben. Das Kuriose daran: Priscilla war ein Schwein! Skinner entwickelte eine Methode des systematischen Abrichtens, basierend auf dem Prinzip von Belohnung und Bestrafung, und ging somit noch einen Schritt weiter als Pawlow. Die Aussicht auf eine Belohnung motivierte das Schwein zu seinen Kunststücken.

Skinners unermüdliches Credo lautete: Beim Entstehen menschlichen Verhaltens gleiche der Mensch in verblüffender Weise einem dressierten Tier. Denn auch beim Menschen sind es die Reize in der Außenwelt, die ihn zu typischen, unbewusst ablaufenden Verhaltensmustern aktivieren: Das Radiohören beim Frühstück, das Anlegen des Gurts im Auto oder das Einschalten des Fernsehers um 20 Uhr sind nur einige Beispiele für solche Alltagsgewohnheiten. Es ist immer dieses (unbewusste!) „Wenn …, dann …!", das Menschen zu einem bestimmten Verhalten animiert. „Der Mensch agiert nicht, sondern er reagiert!" (*FAZ*, 14.08.05, S. 57), schrieb Skinner seinen Nachfolgern in die Lehrbücher.

Die große Schwäche von Gewohnheiten

In diesem Kontext zeigt sich die große Schwäche der Gewohnheiten:

Gewohnheiten laufen immer reflexhaft und unreflektiert in der Zeitschiene Gegenwart ab. Eine Abwägung, ob die jeweilige Gewohnheit gesund, sinnvoll oder vorteilhaft ist, findet nicht statt. Denn: Der Bereich im Gehirn, der die Gewohnheiten steuert, kann nicht denken.

Der Autopilot arbeitet wie eine Maschine und handelt stets unreflektiert entsprechend seiner Programmierung und ausschließlich im Hier und Jetzt. Gewohnheiten dienen letztendlich immer nur dem Zweck, kurzfristig positive Emotionen zu erleben bzw. negative zu vermeiden. Den Fahrstuhl statt der Treppe zu nehmen, vermeidet Anstrengung, das Surfen im Internet vertreibt die Einsamkeit, der Schokoriegel am PC unterbricht die Stressspirale und mit dem Bier am Feierabend belohnt man sich für den langen Arbeitstag. Unser bewusstes Denken, mit dem wir Entscheidungen treffen und abwägen, was gut oder weniger gut für uns ist, ist an all diesen Automatismen nicht beteiligt.

Damit einher geht das Prinzip der Langfristigkeit, durch das die Nachteile der Gewohnheiten erst zu ernsthaften Problemen werden: Sich nach dem Büro direkt vor den Fernseher zu setzen, stellt kurzfristig kein Problem dar, doch über die Jahre führt diese Trägheit zu mangelnder Fitness und Übergewicht und macht den Körper anfällig für Krankheiten. Gelegentlich mal Cola zu trinken oder Süßigkeiten zu naschen, ist nicht tragisch, doch wer dies über Jahre hinweg jeden Tag macht, läuft Gefahr, an Diabetes zu erkranken. Täglich stundenlang im Internet zu surfen, mag spannend sein, doch auf lange Sicht macht es nervös und vermindert die Konzentrationsfähigkeit. Ein Feierabendbier mag kurzfristig nicht schaden, doch wenn es jeden Abend dazugehört, kann das zum Alkoholismus führen.

Aus Sicht der modernen Gehirnforschung

Die moderne Gehirnforschung bestätigt, dass Pawlow und Skinner mit ihren Entdeckungen absolut richtiglagen. Die Neuroforscherin Ann Graybiel vom Brain and Cognitive Sciences Department des Massachusetts Institute of Technology erforschte die Entstehung von Verhaltensmustern an Ratten. Die Forscherin wollte wissen, wie schnell Ratten lernen, in einem Labyrinth versteckte Schokolade zu finden. Mit einem Tonsignal öffnete sich die Tür zum Labyrinth. Sofort begannen die Ratten, die Schokolade zu schnuppern, und machten sich auf die Suche. Zu Beginn nahm dies eine längere Zeit in Anspruch. Die Ratten verirrten sich zunächst immer wieder, kehrten um und suchten nach neuen Wegen, so lange, bis sie die Schokolade gefunden hatten.

Vor dem Experiment hatte die Forscherin den Ratten kleine Elektroden ins Gehirn eingepflanzt, denn sie wollte wissen, was sich bei diesem Lernprozess darin abspielt. Dabei machte sie eine entscheidende Entdeckung: Bei den ersten Versuchen stellte sie fest, dass sich die Gehirnaktivität im präfrontalen Kortex, der für bewusste, komplexe Denkvorgänge und das Fällen von bewussten Entscheidungen zuständig war, deutlich erhöhte. Doch im Verlauf der Zeit, während der die Ratten immer wieder im Labyrinth unterwegs waren, wurde die Gehirnaktivität in diesem Bereich geringer, bis er die Arbeit schließlich ganz einstellte. Eine andere, tief im Inneren des Gehirns liegende Instanz, die sogenannten Basalganglien, übernahmen die Steuerung der Schokoladensuche.

Die Basalganglien

Durch das Training ist eine Art Handlungsgedächtnis entstanden, das die Ratten fortan autonom durchs Labyrinth steuerte. Mit anderen Worten: Der anfangs bewusst gesteuerte Suchvorgang lief nach einer gewissen Trainingszeit unbewusst ab. Der Autopilot übernahm das Kommando. Ein solcher Lerneffekt wird vom Volksmund treffend damit beschrieben, dass jemandem – in diesem Fall den Ratten – „etwas ist in Fleisch und Blut übergegangen ist". Sobald das Startsignal für das Öffnen des Tors erklang, schaltete das Gehirn auf Sparflamme und übergab die Arbeit an die Basalganglien, bis die Tiere die Schokolade gefunden hatten. Der Ton als Auslösereiz und das Finden der Schokolade als Belohnung stellten die Schranken dar, innerhalb derer die Basalganglien die Steuerung übernahmen und sich der bewusste Teil des Gehirns ausruhen konnte.

Die Basalganglien, über die auch das menschliche Gehirn verfügt, werden von Gehirnforschern auch als Gewohnheitszentrum bezeichnet und lassen sich mittels

Magnetresonanztomographie (MRT) sehr gut bei der Arbeit beobachten. Es handelt sich dabei um tief im Gehirn liegende Nervenzellkerne, die sich entsprechend ihrer Funktion nochmals unterteilen. So steuert das sogenannte Putamen automatische Handlungen und Bewegungen (wie bei den Ratten im Beispiel), wogegen der sogenannte Nucleus caudatus für automatische Denkprozesse verantwortlich ist.

Dieser anatomische Blick ins Gehirn zeigt auf, wo der Königsweg der Veränderung beginnt: nämlich beim bewussten und systematischen Einüben eines neuen Vorsatzes, damit das Gehirn die Chance bekommt, diesen im Laufe der Zeit der Kontrolle der Basalganglien zu überlassen.

Experimente zeigen, wie ein zunächst bewusst ausgeführtes Verhalten, das im Gehirn vom präfrontalen Kortex gesteuert wird, nach und nach zu einer Gewohnheit wird, die der Kontrolle der Basalganglien unterliegt. Der große Nachteil von Gewohnheiten: Sie laufen automatisch ab; es findet also kein Abwägen von Vor- und Nachteilen statt.

30

3.2 Übung macht den Meister

Der amerikanische Psychologe Donald Hebb beschrieb als Erster, dass sich bei Lernprozessen Gehirnzellen miteinander zu sogenannten neuronalen Netzwerken verbinden. Das Gehirn besteht aus ca. 100 Milliarden winziger Gehirnzellen, Neuronen genannt. Ein Neuron kann man sich wie einen Informationschip vorstellen, der im Prinzip zwei Dinge kann: Informationen verarbeiten und speichern.

Ein Neuron kann allerdings nicht für sich allein arbeiten, sondern nur im Verbund mit anderen. Von jedem einzelnen Neuron gehen ca. 1 000 bis 10 000 immer feiner werdende Verästelungen ab, an deren Enden sich sogenannte Synapsen befinden. Diese bilden die Schnittstelle zu anderen Gehirnzellen und verfügen über die Fähigkeit, mit benachbarten Neuronen Informationen auszutauschen, sprich zu kommunizieren. Sämtliche Lernprozesse und Erfahrungen, die wir im Leben machen – egal ob bewusst oder unbewusst – werden über das Anlegen solcher neuronalen Verbindungen organisiert, verarbeitet und gespeichert. Dieses Prinzip bildet die neurobiologische Basis für Lernen, Gedächtnisbildung und das Speichern von Erfahrungen.

Mit „fire together – wire together" beschrieb Hebb diesen im Gehirn ablaufenden Prozess der Gedächtnisbildung. „Fire", zu Deutsch „feuern", bedeutet, dass Energie fließt. Diese Energie benötigt das Neuron, damit die Information die Kontaktstelle, den sogenannten synaptischen Spalt, überbrücken kann. „Wire", zu Deutsch „verdrahten", bedeutet, dass sich die Gehirnzellen im Laufe der Zeit miteinander verbinden.

Lernprozesse entstehen, indem Informationen über die Synapsen ausgetauscht werden und die Gehirnzellen sich im Laufe der Zeit miteinander vernetzen. Anfangs ist es für die Information nicht leicht, den synaptischen Spalt zu überschreiten. Zu Beginn ist dies immer mit einem erheblichen Aufwand verbunden, was sich in unserem Bewusstsein darin widerspiegelt, dass unsere Willenskraft und unser Durchhaltevermögen stark beansprucht werden. Doch Lernen zeichnet sich bekanntermaßen dadurch aus, dass es mit jeder Wiederholung leichter und einfacher wird. Egal, ob es ums Vokabellernen, das Einstudieren eines neuen Tanzschrittes oder die Bedienung eines neuen Computerprogramms geht: Regelmäßiges und systematisches Üben ist der Schlüssel zum Erfolg.

„Trampelpfade" im Gehirn

Professor Manfred Spitzer, einer der führenden Gehirn- und Lernforscher unserer Zeit, vergleicht Lernen bzw. den Entstehungsprozess neuer Verhaltensmuster mit dem Anlegen von „Trampelpfaden" im Gehirn. So, wie beim ersten Durchschreiten einer Wiese die Fußspuren noch kaum erkennbar sind, mit jedem weiteren Betreten des Pfades jedoch immer tiefer werden, so entwickeln sich auch im Gehirn zwischen den Neuronen im Laufe der Zeit regelrechte „Trampelpfade".

Dieses Grundprinzip des Lernens gilt nicht nur für motorische oder kognitive Fähigkeiten, sondern auch für all unsere Verhaltensmuster und Denkweisen. Und sobald wir gemäß dem alten Sprichwort „Übung macht den Meister!" Meister geworden sind, wird das Gelernte an die tief im Gehirn liegenden Basalganglien abgegeben und von dort eigenständig verwaltet.

Dazu der Gehirnforscher Wolf Singer: „Es ist nachgewiesen, dass gut eingeübte Fähigkeiten, sobald sie automatisiert sind und unbewusst erbracht werden können, von anderen Hirnstrukturen verwaltet werden als jenen, die zu Beginn des Trainings involviert waren!" (Singer/Matthieu, 2008, S. 40.) Der Lernprozess ist damit beendet. Im Gehirn sind neue Trampelpfade entstanden. Etwas hat sich eingeschliffen bzw. ist in Fleisch und Blut übergegangen.

30 *Das Gehirn lernt nach dem Prinzip der Wiederholung. Alles, was wir uns antrainieren, hinterlässt Spuren im Gehirn. Diese Spuren entstehen, indem sich Gehirnzellen zu sogenannten neuronalen Netzwerken verbinden, die ab einem gewissen Zeitpunkt die Gewohnheit als eigenständige Programme verwalten.*

3.3 Die „magischen" zehn Wochen

Professor Spitzer bezeichnet die Tatsache, dass man sein Gehirn durch einen entsprechenden Gebrauch gezielt verändern kann, als eine der wichtigsten Botschaften der modernen Gehirnforschung. Veränderung erfolgt demnach, indem man alte Pfade verlässt und ganz gezielt neue Wege geht.

Die sogenannte Neuroplastizität beschreibt die Eigenschaft unseres Gehirns, sich das ganze Leben lang entsprechend seiner Benutzung und Beanspruchung zu verändern und anzupassen. Bezogen auf die Veränderung von Gewohnheiten heißt das, dass die gewünschten neuen neuronalen Netze nur entstehen können, wenn man den Vorsatz in der Realität immer und immer wieder einübt. Nur durch reales Training kann das Gehirn neue Trampelpfade anlegen. Es ist ähnlich wie beim Sport: So wie sich Muskelkraft nur durch körperliches Training steigern lässt, lassen sich Veränderungen im Gehirn ebenfalls nur durch aktives Training erreichen. Die entscheidende Frage lautet: Wie viele Wiederholungen benötigt das Gehirn für das Anlegen eines entsprechenden Trampelpfades?

Point of no return

Pawlows Hunde übten ca. vier Wochen, für den Autoführerschein benötigt man 20 bis 30 Fahrstunden, um ein Gedicht auswendig zu lernen, sind Dutzende von Wiederholungen nötig. Gehirnforscher gehen davon aus, dass es – je nach Anspruch und Komplexität des gewünschten Verhaltens – einer Wiederholungszahl zwischen 30 bis 60 bedarf, um einen Vorsatz dauerhaft als Gewohnheit im Gehirn zu verankern.

Demnach geht es darum, einen Vorsatz über einen gewissen Zeitraum systematisch und regelmäßig zu wiederholen, damit sich im Gehirn entsprechende „Trampelpfade" herausbilden können. Man könnte diese Zeitspanne auch als „Ausbildungszeit" für das Gehirn bezeichnen. Erfahrungen zeigen, dass für einen Vorsatz, etwa regelmäßig zwei- bis dreimal pro Woche zu joggen oder eine Ernährungsgewohnheit nachhaltig zu verändern, bereits zehn Wochen ausreichend sein können, wenn mit einer entsprechenden Strategie vorgegangen wird. Daher ist im Folgenden von den „magischen" zehn Wochen die Rede, die es zu überbrücken gilt, um sich systematisch gesunde Gewohnheiten anzutrainieren.

Nach dieser Zeitspanne bedarf es nicht mehr der berühmten SOS-Frage: „Soll ich oder soll ich nicht?" Das neue Verhaltensmuster ist zu einem inneren Bedürfnis geworden. Menschen, die regelmäßig joggen, müssen sich nicht mehr motivieren oder einen Kampf gegen ihren inneren Schweinehund ausfechten: Es drängt sie früher oder später nach draußen! Bei Menschen, die es gewohnt sind, Obst zu essen, kommt der Appetit von selbst.

Natürlich sind Veränderungen gerade zu Beginn mit einem entsprechenden Energieaufwand verbunden. Anfangs benötigt es eine gehörige Portion Zielstrebigkeit und Disziplin und stets eine bewusste Entscheidung, um das neue Verhalten umzusetzen. Doch wie bei einem Schwungrad sind die ersten Meter die schwersten. Hat das Rad erst einmal Fahrt aufgenommen, wird der Energieaufwand, der nötig ist, um es in Schwung zu halten, ungleich geringer.

Der Weg zur guten Gewohnheit

Die Gesundheitspsychologin Philippa Lally und ihr Team vom University College in London wollten herausfinden, wie lange es dauert, bis aus einem Vorsatz eine dauerhafte Gewohnheit wird. Sie führten dazu im Jahr 2009 eine Studie durch, bei der 96 Probanden entweder den Bewegungsvorsatz „15 Minuten täglich joggen" oder den Ernährungsvorsatz „nach dem Essen ein Glas Wasser trinken" umsetzen sollten. Die Probanden führten über 84 Tage gewissenhaft Buch darüber, ob es ihnen gelang, den Vorsatz umzusetzen, und ab wann das angestrebte Verhalten zu einer Routine wurde.

Das Ergebnis: Im Durchschnitt dauert es 66 Tage, bis ein Vorsatz zu einer festen Gewohnheit wird, also knapp zehn Wochen. Dabei spielt die Qualität bzw. die Beschaffenheit des Vorsatzes eine Rolle. Manchmal geht es auch schneller: Der Vorsatz, nach dem Essen ein Glas Wasser zu trinken, wurde nach 20 Tagen zur Gewohnheit, beim täglichen 15-minütigen Jogging dauerte es dagegen 50 Tage. Mit der Zeit wurde das Verhalten für die Probanden zur Routine. Mit jeder Wiederholung vermindert sich die gedankliche Anstrengung, bis ein Verhalten schließlich automatisch und unbewusst von den Basalganglien gesteuert wird (vgl. *Gehirn und Geist*, 1-2/2012, S. 46).

Die Auswertungen der Forscher ergaben noch zwei weitere interessante Aspekte:

1. Ein konstanter Kontext aus Raum und Zeit erhöht die Erfolgschance, d. h., das angestrebte Verhalten täg-

lich zur gleichen Uhrzeit in derselben räumlichen Umgebung auszuführen, beschleunigt den Prozess der Gewohnheitsbildung.

2. Es wirkt sich nicht negativ aus, wenn man einmal einen Tag seinen Vorsatz nicht umsetzt, vorausgesetzt, man macht am nächsten Tag in gewohnter Manier weiter.

→ Akzeptieren Sie Rückschläge!
Rückschläge sind natürlicher Bestandteil des Veränderungsprozesses. Kaum jemand schafft es von heute auf morgen, eine Gewohnheit zu verändern, ohne das ein oder andere Mal Schwäche zu zeigen. Diese menschliche Eigenheit zu akzeptieren, ist von elementarer Bedeutung, da man sonst Gefahr läuft, in Alles-oder-nichts-Kategorien zu denken und beim ersten Rückschlag das Projekt Veränderung sofort abzubrechen. Wer der Meinung ist, er verfüge nicht über ausreichend Willenskraft, nur weil er beispielsweise ein einziges Mal eine Zigarette geraucht hat, wird eher aufgeben als jemand, der darüber nachdenkt, wie es dazu gekommen ist, und den Rückschlag akzeptiert.

Strategie der kleinen Schritte

Damit die Erfolgsaussichten zur Etablierung einer erwünschten Gewohnheit auf ein Maximum steigen, sollte man sich gerade zu Beginn nicht zu viel vornehmen und eher mit kleinen Schritten beginnen. Diese Strategie der kleinen Schritte beschreibt der Autor Stephen Guise in seinem 2013 erschienenen Buch „Viel besser als gute Vorsätze: Wie Sie mit Mini-Gewohnheiten Maxi-Erfolge erleben". Sein Credo: Jeden Tag ein wenig zu tun, ist besser, als nichts zu tun.

Guise zeigt damit einen Weg auf, der einer Gefahr entgegenwirkt, an der sehr viele Veränderungswillige scheitern: nämlich zu viel auf einmal zu wollen und sich dadurch zu überfordern. So wird die anfängliche Lust schnell zu Frust und die Gefahr steigt, dass der gut gemeinte Vorsatz bereits nach kürzester Zeit wieder aufgegeben wird.

Der Autor ist überzeugt: „Ein wenig zu tun, ist besser, als gar nichts zu tun. Jeden Tag etwas, bewirkt mehr, als wenn wir an einem einzigen Tag alles machen. Wenn wir jeden Tag etwas tun, ist die Chance groß, dass das, was wir tun, zu einer Gewohnheit wird." (Guise, 2015.)

> **→ Fangen Sie klein an!**
> Beginnen Sie mit kleinen, machbaren Schritten, die Sie definitiv nicht überfordern. Auch wenn Sie zunächst vielleicht denken, dass so wenig doch nicht viel bringen kann: Zu Beginn geht es einzig und allein um die Einführung der Regelmäßigkeit.

Wer sich mit Liegestützen wieder in Form bringen möchte, sollte zuerst vielleicht mit drei statt gleich mit 20 beginnen. Wer seine Ausdauer steigern möchte, sollte mit nur zehn Minuten Jogging anfangen. Wer sich gesünder ernähren will, sollte dies erst einmal an ein oder zwei Tagen in der Woche tun, etc.

Diese Strategie des soften Einstiegs wirkt den drei weit-verbreiteten Motivationskillern entgegen:

- dem anfänglich hohen Kraftaufwand zur Überwin-dung,
- der subjektiv empfundenen Schwierigkeit sowie
- Frusterlebnissen.

Wer sich vornimmt, erst einmal drei Liegestützen zu machen oder nur zehn Minuten zu joggen, wird in der Regel keinen großen Überwindungskampf mit seinem inneren Schweinehund auszufechten haben. Sind die drei Liegestütze oder die zehn Minuten Laufen dann geschafft, ist man stolz auf sich und kann sich dann im-mer noch dafür entscheiden, mehr zu tun. So kommt man gerade zu Beginn des Weges der Veränderung gut voran und mit jedem Male dem „Point of no return" näher, ab dem eine Gewohnheit wie von allein läuft.

Gewohnheiten entstehen in der Regel unbewusst, viele davon bereits in der frühen Kindheit. Im Laufe des Lebens kommen weitere hinzu.

Ein Verhalten, das anfangs noch bewusst gesteuert wird, wird durch Wiederholung nach und nach zu einer Gewohnheit. Dann übernehmen andere Bereiche des Gehirns die Kontrolle, das Verhalten läuft unbewusst ab.

Bis ein Vorsatz zur Gewohnheit wird, dauert es je nach Art und Komplexität des Vorsatzes ca. zehn Wochen. Bis dahin ist Selbstdisziplin gefragt. Hilfreich sind eine Strategie der kleinen Schritte und die Fähigkeit, auch bei Rückschlägen nicht aufzugeben.

30

30 MINUTEN

Was ist eine Gewohnheitsschleife?
Seite 52

Wie lässt sich die wahre Ursache einer Gewohnheit ergründen?
Seite 62

Wie lassen sich unerwünschte Gewohnheiten eliminieren?
Seite 67

4. Sich von Gewohnheiten trennen

„Gewohnheiten kann man nicht aus dem Fenster werfen, man muss sie Stufe für Stufe treppab tragen!", lautet ein Zitat von Mark Twain. In der Tat ist es leichter, sich eine neue Gewohnheit anzueignen, als sich von einer unliebsamen zu trennen. Dies gelingt erst dann, wenn man den tiefer liegenden Sinn, der sich hinter jeder Gewohnheit verbirgt, versteht. Erst das Bewusstsein darüber, dass sich hinter jeder noch so schlechten Gewohnheit im Kern etwas Positives verbirgt – nämlich dass sie kurzfristig zu positiven Emotionen verhilft –, eröffnet die Möglichkeit, diesen in der Regel unbewusst ablaufenden emotionalen Belohnungseffekt zu ersetzen.

Die gute Nachricht lautet: Mit dem Verständnis der psychologischen Hintergründe von Gewohnheiten kann es jedem gelingen, sich dauerhaft von lästigen Gewohnheiten zu befreien.

4.1 Die Gewohnheitsschleife

Der Wissenschaftsjournalist Charles Duhigg beschreibt in seinem Bestseller „Die Macht der Gewohnheit. Warum wir tun, was wir tun" sehr anschaulich ein dreistufiges Modell, das prinzipiell jeder Gewohnheit zugrunde liegt: Es gibt einen Auslösereiz, die Gewohnheit selbst und eine dazugehörige Belohnung.

Dieses Drei-Stufen-Modell aus Auslösereiz, Gewohnheit und Belohnung stellt die Basis einer sogenannten Gewohnheitsschleife dar und begründet die Strategie, die jeder erfolgreichen Gewohnheitsveränderung zugrunde liegt. Das Innovative an Duhiggs Ansatz, der von Gehirn- und Verhaltensforschern bestätigt wird, liegt in der Entschlüsselung des sich hinter jeder Gewohnheit verbergenden Belohnungseffekts. Konkret setzt sich die Strategie aus den folgenden drei Schritten zusammen:

1. sich die Gewohnheit bewusst machen,
2. die Belohnung erkennen,
3. den Auslösereiz identifizieren.

Sich die Gewohnheit bewusst machen

Der erste Schritt der Identifizierung der Gewohnheitsschleife liegt in der Bewusstmachung des Ablaufs der Gewohnheit. Gewohnheiten sind ja definiert als unbewusste Verhaltensmuster, d. h., in der Regel spulen wir eine Gewohnheit automatisch ab und sind währenddessen mit unserem Kopf ganz woanders.

Ziel des ersten Schritts ist es deshalb, die Gewohnheit aus den Sphären des Unbewussten ins Bewusstsein zu holen, und das bedeutet, geistig zu 100 % im Hier und Jetzt präsent zu sein, wenn die Gewohnheit aktiviert wird, und ihren Ablauf von Anfang bis Ende bewusst zu verfolgen. Duhigg empfiehlt, sich dabei selbst so zu beobachten, als würde man einer anderen Person gewissermaßen aus der Vogelperspektive zusehen. Nur so schafft man die nötige Distanz und es wird möglich, den Ablauf der Gewohnheit gezielt zu isolieren.

Die Belohnung erkennen

Nach dem Bewusstmachen des Ablaufs der Gewohnheit stellt das Erkennen des Belohnungseffekts den nächsten und zugleich schwierigsten Schritt dar. Zunächst kommt man gar nicht auf die Idee, dass eine Gewohnheit irgendetwas mit einer Belohnung zu tun haben könnte. Doch irgendwann hat das Gehirn gelernt, dass die Gewohnheit – kurzfristig! – zu einem guten Gefühl führt. Dieses möchte es immer wieder erfahren.

Beim Zähneputzen besteht der Belohnungseffekt beispielsweise in dem Gefühl, glatte und saubere Zähne und einen frischen Geschmack im Mund zu haben. Die Zigarettenpause ist dagegen eine wohltuende Unterbrechung der Arbeit, auf Facebook zu surfen vertreibt die Einsamkeit, das Feierabendbierchen belohnt für den anstrengenden Arbeitstag und sich einfach auf der Couch in die Wolldecke zu kuscheln, vermittelt das Gefühl von Geborgenheit.

Nicht immer ist der Belohnungseffekt so offensichtlich, jedoch ist er tatsächlich die Wurzel jeder Gewohnheit: Alle zehn Minuten die E-Mails zu checken dient dazu, zu erfahren, ob etwas Wichtiges passiert ist oder ob jemand an einen gedacht hat. Mit Kollegen über andere herzuziehen kann das Selbstwertgefühl stärken, denn: „Wir sind die Guten, oder?" Und am Abend das eigene Kind herumzukommandieren, mag die einzige Option sein, um zu zeigen, dass man der Chef ist.

Auch bei ehemaligen Rauchern zeigt sich diese verborgene Macht der Belohnung. Sie denken zwar, es wäre allein die Abhängigkeit vom Nikotin, die sie über Jahre hinweg zum Glimmstängel greifen ließ, doch selbst wenn die körperliche Sucht nachweislich vorbei ist, fällt es vielen nicht leicht, Nichtraucher zu bleiben, weil sich hinter der Gewohnheit des Rauchens noch andere Belohnungen verbergen: Die Zigarettenpause bringt das Gefühl der Selbstbestimmung, da sie die Stressspirale unterbricht. Hinzu kommt der soziale Aspekt beim Gespräch mit Raucherkollegen vor der Tür.

Die Erwartung der Belohnung

Unser Gehirn lernt schnell, dass Gewohnheiten zu einem guten Gefühl führen, und „missbraucht" sie deshalb gewissermaßen als ein Mittel, dieses Gefühl auszulösen. Wenn wir z. B. zufällig die Erfahrung gemacht haben, dass wir uns weniger allein fühlen, wenn wir abends im Internet surfen, lernt unser Gehirn, dass im

Internet zu surfen die Einsamkeit vertreibt, und entwickelt daraus sehr schnell eine Routine.

Das ist der tiefere psychologische Sinn, der sich hinter unseren Gewohnheiten verbirgt und der es so schwer macht, diese abzulegen:

> Gewohnheiten helfen uns, unangenehme Gefühle zu vermeiden bzw. angenehme Gefühle zu erzeugen.

Da wir gedanklich während des Abspulens einer Gewohnheit mit anderen Dingen beschäftigt sind, ist es nicht einfach, diesen versteckten Belohnungseffekt bewusst zu registrieren und das tiefer liegende emotionale und meist unterschwellig wirkende Bedürfnis zu ergründen.

Erschwert wird das Ablegen von Gewohnheiten dadurch, dass das Gehirn bereits im Vorfeld der eigentlichen Handlung ein regelrechtes Verlangen entwickelt, im Extremfall sogar eine Sucht, weil es die mit der Gewohnheit verbundenen guten Gefühle immer wieder erleben will. Genauer gesagt ist es die Erwartung der Belohnung, die es so schwer macht, den Vorsatz, sich endlich von einer unliebsamen Gewohnheit zu trennen, in die Tat umzusetzen.

Interessanterweise lässt sich bereits vor dem tatsächlichen Ablauf einer Gewohnheit im Gehirn eine deutlich erhöhte Konzentration an Botenstoffen wie Endorphinen, Dopamin und Serotonin feststellen, die dieses Verlangen auslösen. Hier liegt die neurobiologische Wurzel für die Entstehung des emotionalen Verlangens nach einer Gewohnheit. Das ist der Grund, weshalb es so schwer ist, Gewohnheiten allein mit der Ratio zu bekämpfen.

Vorsicht vor emotionalen Entscheidungen!

Dass wir in unseren Entscheidungen viel mehr von unseren Emotionen als von der kühlen Ratio gesteuert werden, hat die Gehirnforschung längst belegt. Gemäß dem Motto „Lieber weniger, aber sofort – als mehr, dafür später" sprechen Psychologen in diesem Zusammenhang von sogenannten zeitinkonsistenten Präferenzen. Sie meinen damit das Phänomen, dass eine Belohnung für uns an Attraktivität verliert, je länger wir darauf warten müssen.

Wenn sich Probanden zwischen 10 Euro, die sie sofort mitnehmen können, und 20 Euro, die sie in einem Jahr bekämen, entscheiden sollen, nimmt die große Mehrheit die 10 Euro sofort. Egal, ob es ums schnelle Geld, den Genuss von Schokolade oder das Verlangen nach dem kühlen Bier geht: In allen Fällen werden unsere Entscheidungen von Regionen des limbischen Systems getroffen, fernab jeglicher Vernunft, Disziplin und Konsequenz. Gerade deshalb ist es wichtig, sich Zeit zu nehmen und Geduld aufzubringen, um den wahren Charakter der sich hinter der Gewohnheit verbergenden Belohnung zu enttarnen.

Den Auslösereiz identifizieren

Bei Pawlows Hunden stellte das Ertönen der Glocke den Auslösereiz dar. Die Hunde begannen zu sabbern, obwohl weit und breit kein Futtertrog in Sicht war. Ein solcher Reiz-Reaktions-Mechanismus liegt jeder Gewohnheit zugrunde und dient als Startschuss für die Aktivierung derselben. Unser Gehirn lernt prinzipiell assoziativ, d. h., es verknüpft unterschiedliche Kontexte, z. B. räumliche und zeitliche, miteinander. Damit wird im Gehirn die Grundlage dafür gelegt, dass Gewohnheiten durch Reize aus der Umwelt automatisch ausgelöst werden können.

Meist ist es nicht ein einziger Reiz, der eine Gewohnheit auslöst, sondern der ganze Kontext, in den die Gewohnheit eingebettet ist. Gelegenheitsraucher zum Beispiel rauchen nur, wenn sie mit anderen Rauchern zusammen sind. Manche Menschen trinken nur dann Alkohol, wenn sie mit Freunden, die Alkohol trinken, unterwegs sind, etc.

> Viele unserer Gewohnheiten benötigen ein ganz bestimmtes Setting, das sie auslöst: eine bestimmte Zeit, einen bestimmten Ort, eine Stimmungslage oder bestimmte Menschen um uns herum.

Erkennt das Gehirn anhand verschiedener Merkmale, dass ein entsprechender Kontext gegeben ist, führt es die erlernte Tätigkeit automatisch aus. In der Psychologie spricht man in diesem Zusammenhang von sogenannten Triggern. Der Begriff „Trigger" stammt aus dem Englischen und heißt übersetzt „Auslöser", d. h., eine Gewohnheit wird immer durch einen Auslösereiz getriggert.

Der erste Auslösereiz, der in unserem Alltag ein routinemäßiges Verhalten triggert, ist das morgendliche Klingeln des Weckers. Wir reagieren darauf wie eine Maschine und schalten ihn schlaftrunken aus. Wir gehen ins Bad, nehmen eine Dusche und putzen uns die Zähne. Nie kämen wir auf die Idee, ungeduscht und ohne Zähneputzen aus dem Haus zu gehen. Der Auslösereiz für das Duschen ist das Betreten des Badezimmers, der Auslösereiz für das Zähneputzen ist der morgendliche unangenehme Geschmack im Mund. Der nächste Auslösereiz ist vielleicht das Betreten der Küche, woraufhin wir sofort das Radio oder die Kaffeemaschine einschalten. So geht es den ganzen Tag weiter. Wir steigen ins Auto und schnallen uns an, wir kommen ins Büro, legen unseren Mantel ab und fahren den PC hoch und um 12 Uhr gehen wir in die Kantine ... Immer mechanisch, wie ein Roboter, Tag für Tag.

Solche Auslösereize sind es auch, die unsere negativen und unerwünschten Verhaltensmuster triggern: der Griff zur Zigarette beim Warten auf den Bus, die Schokolade beim Fernsehen oder das hastig-neugierige Checken der Nachrichten, wenn man morgens aufs Handy blickt.

→ Stellen Sie sich die Joggingschuhe vors Bett!
Gerade zu Beginn des Veränderungsprozesses hilft es, die Kraft der Auslösereize optimal zu nutzen und systematisch in die Strategie zu integrieren. Wer sich z. B. zum Ziel gesetzt hat, morgens nach dem Auf-

stehen zu joggen, tut gut daran, sich die Jogging-schuhe ans Bett zu stellen. Beim Anblick der Schuhe unmittelbar nach dem Aufwachen wird das Gehirn sofort an das Vorhaben erinnert. Damit wirkt man dem berühmten SOS-Konflikt – „Soll ich oder soll ich nicht?" – entgegen.

Neue Umgebung verändert Gewohnheiten

Wie stark unser Verhalten an Auslösereize gekoppelt ist, zeigt sich, wenn wir uns in einer anderen Umgebung befinden, in der die gewohnten Trigger nicht vorhanden sind, beispielsweise im Urlaub. Dann erleben wir einen ganz anderen Alltag – ja, wir leben sozusagen ein ganz anderes Leben. So fällt z. B. der innere Drang nach der Tüte Chips beim abendlichen Fernsehen schon ganz einfach deshalb weg, weil in der Strandhütte kein Fernseher vorhanden ist.

Welch enormen Einfluss es haben kann, wenn Auslösereize fehlen, konnten Forscher bei Rauchern, die sich ihr Laster abgewöhnen wollten, beobachten: Diejenigen, die im Urlaub mit dem Rauchen aufhörten – also in fremder Umgebung ohne die gewohnten Auslösereize –, hatten eine deutlich höhere Chance, ihre Nikotinsucht dauerhaft zu beenden, als diejenigen, die das zu Hause in ihrem gewohnten Umfeld versuchten. Das ist übrigens auch der Grund, weshalb es Drogensüchtige nach erfolgreichem Entzug tunlichst unterlassen sollten, in ihr altes Milieu – sprich das alte Umfeld mit den gewohnten Auslösereizen – zurückzukehren.

Wie sehr eine Änderung der Rahmenbedingungen das persönliche Verhalten beeinflusst, zeigt auch ein Phänomen, das Psychologen als „teachable moments" bezeichnen: Wenn sich die Lebensumstände schlagartig ändern, z. B. durch einen Todesfall, eine Scheidung, einen Jobwechsel oder einen Umzug in eine andere Stadt, dann ändern sich damit oft schlagartig auch die Gewohnheiten. Sich neu zu orientieren, ob beabsichtigt oder gezwungenermaßen, führt oft dazu, seine Verhaltensweisen zu überdenken, und sich gewissermaßen neu zu erfinden.

Die fünf Kategorien eines Auslösereizes

Die Forschung zeigt, dass es im Prinzip nur fünf Kategorien von Auslösereizen gibt, die für unsere Gewohnheiten relevant sind: Ort, Zeit, emotionaler Zustand, soziales Umfeld und unmittelbar vorausgegangene Handlung (vgl. Duhigg, 2012).

1. Ort:

Wo trinken Sie morgens Ihren Kaffee? Wo parken Sie Ihren Wagen? Wo sitzen Sie bei der Besprechung? In der Regel immer an derselben Stelle, oder? Welchen Spind nutzen Sie im Fitnessstudio? Was machen Sie am Feierabend, wenn Sie nach Hause kommen? Ziehen Sie sich zuerst um, schlüpfen in Ihren Freizeitdress und nehmen Sie sich einen Drink aus dem Kühlschrank? In diesen Beispielen ist es immer ein bestimmter Ort, der ein entsprechendes Verhaltensmuster auslöst.

2. Zeit:

Ist es nicht erstaunlich, dass wir immer zur gleichen Zeit wach werden, den inneren Drang nach einer Pause verspüren, Hunger bekommen, müde werden oder ins Bett gehen?

3. Emotionaler Zustand:

Negative Gefühlslagen wie Stress, Frust, Einsamkeit oder Langeweile sind die größten Widersacher gut gemeinter Vorsätze. Wir greifen zum Schokoriegel, wenn wir gestresst sind, kauen Nägel, wenn wir nervös sind, surfen im Internet, wenn wir gelangweilt sind, oder trösten uns mit Alkohol, wenn wir Kummer haben.

4. Soziales Umfeld:

Die Menschen um uns herum spielen eine sehr wichtige Rolle für unser Verhalten. So schmeckt das Essen einfach besser, wenn man sich dazu mit Freunden verabredet oder gemeinsam kocht. Man neigt eher zum Rauchen, wenn man in der Pause von Kollegen eine Zigarette angeboten bekommt, und es fällt einem leichter, sich zum Sport aufzuraffen, wenn man gemeinsam mit Freunden Sport treibt.

5. Vorausgegangene Handlung:

Ein weiterer Faktor, der unsere Gewohnheiten auslöst, ist die unmittelbar vorher durchgeführte Handlung. Was haben Sie genau gemacht, bevor Sie Lust auf einen Kaffee bekamen? Weitere Beispiele: der Espresso nach dem Essen; die Zeitung zum Frühstück oder auch die berühmte Zigarette nach dem Sex.

→ **Überprüfen Sie Ihre Essgewohnheiten!**
Jeder weiß aus Erfahrung, dass man nicht nur dann etwas isst, wenn man wirklich Hunger hat. Oft essen wir, wenn wir gestresst, frustriert, verärgert, gelangweilt oder einsam sind, mit anderen Worten: Wir missbrauchen das Essen – insbesondere die Süßigkeiten zwischendurch! –, um uns kurzzeitig gute Gefühle zu verschaffen. Dieses Phänomen nennen Forscher „emotionales Essen". Führen Sie deshalb für eine Woche ein Ernährungstagebuch, in dem Sie aufzeichnen, zu welchen Gelegenheiten Sie zwischendurch naschen und welchen negativen Gefühlslagen Sie damit (bisher unbewusst) begegnen.

30 *Als Gewohnheitsschleife bezeichnet man das Zusammenspiel von Auslösereiz, dem Ablauf der Gewohnheit und dem damit verbundenen Belohnungseffekt. Zu erkennen, dass sich hinter jeder Gewohnheit ein Belohnungseffekt verbirgt, ist eine entscheidende Voraussetzung, um sich dauerhaft von einer unliebsamen Gewohnheit zu trennen.*

4.2 Charles Duhiggs Selbstversuch

Charles Duhigg beschreibt in seinem Buch sehr anschaulich, wie er sich selbst von einer unliebsamen

Gewohnheit befreit und dabei eine Strategie angewandt hat, die auf dem bereits beschriebenen Drei-Stufen-Modell der Gewohnheitsschleife basiert. Bei ihm ging es darum, dass er jeden Tag gegen 15.30 Uhr in der Cafeteria seiner Firma einen Donut kaufte und ihn genüsslich bei einem Plausch mit Kollegen verzehrte. Im Laufe der Zeit hatte er durch die tägliche Kalorienbombe satte vier Kilo zugenommen. Alle Versuche, sich von seiner unliebsamen Donut-Gewohnheit zu trennen, z. B. ein Post-it mit der Aufforderung „Keine Donuts mehr!" an seinem PC, waren bis dato kläglich gescheitert. Also machte er sich an die Drei-Stufen-Strategie.

> **→ Vorsicht vor Verboten!**
> „Süßigkeiten sind verboten!", sagt sich leicht, doch sich auch wirklich an ein solches Verbot zu halten, ist gar nicht einfach, da das Gehirn weniger rational, sondern vielmehr emotional entscheidet – eine Tatsache, die vielen nicht bewusst ist. Für eine gewisse Zeit mag es möglich sein, die aufkommenden Gelüste nach einer leckeren Schokolade einfach zu unterdrücken, aber irgendwann kommen sie wie ein Bumerang zurück. Schlimmstenfalls endet das in einer regelrechten „Fressattacke" – und mit einem Vielfachen der bis dato eingesparten Kalorien. Gehen Sie daher intelligenter vor und gönnen Sie sich beispielsweise an einem oder zwei Tagen in der Woche eine kleine Portion Süßigkeiten.

Die Gewohnheit, die Duhigg ändern wollte, war klar umrissen: Er wollte sich abgewöhnen, täglich um 15.30

Uhr in der Cafeteria einen Donut zu verzehren. Als Nächstes galt es, herauszufinden, welche bis dato unbekannte Belohnung sich tatsächlich hinter seiner „Donut-Sucht" verbarg.

Dies ist der entscheidende Schritt, wenn es darum geht, sich von unliebsamen Gewohnheiten zu befreien. Duhigg schreibt in seinem Buch: „Belohnungen sind so mächtig, weil sie unsere Gelüste befriedigen. Aber wir sind uns oftmals der Gelüste, die unser Verhalten steuern, nicht bewusst. Die meisten Begierden sind im Rückblick offensichtlich, aber unglaublich schwer zu erkennen, wenn wir von ihnen beeinflusst werden." (Duhigg, 2012, S. 78.)

Alternativen ausprobieren

Meist ist es gar nicht so leicht, die Emotionen und Gelüste, die unser Verhalten auf eine oft nahezu perfide Art steuern, zu enttarnen. In der Regel benötigt man dazu ein paar Tage, in denen man mit anderen Formen von Belohnungen experimentiert. Duhigg empfiehlt dazu, sich selbst wie ein Wissenschaftler von außen zu betrachten und entsprechende Daten zu erheben.

In seinem Selbstexperiment sah dies wie folgt aus: Zunächst legte er sich einige Thesen zurecht, die seiner Meinung nach neben dem vermeintlichen Hunger auch etwas mit dem Belohnungseffekt seiner „Donut-Gewohnheit" zu tun haben könnten. Am ersten Tag verzichtete er auf seinen geliebten Donut und ging stattdessen an die frische Luft, machte einen 15-minütigen

Spaziergang und setzte danach seine Arbeit fort. Am nächsten Tag kaufte er sich zwar einen Donut, aß diesen aber nicht wie gewohnt im Kreise seiner Kollegen in der Cafeteria, sondern verspeiste ihn allein an seinem Schreibtisch. Tags darauf kaufte er sich statt des Donuts einen Apfel und aß diesen in der Kantine. Wiederum tags darauf nahm er sich nur eine Tasse Kaffee. Am darauffolgenden Tag ging er zur gewohnten Zeit nicht in die Kantine, sondern auf einen Plausch zu einem Kollegen.

Duhigg wollte mit seiner kleinen Experimentierreihe herausfinden, ob es ihm tatsächlich um den Donut oder vielmehr um die damit verbundene Arbeitsunterbrechung ging. Wenn tatsächlich der Hunger der Grund gewesen wäre, dann hätte als Ersatz auch der Apfel wirken müssen. Erhoffte er sich von dem zuckerhaltigen Donut einen Energieschub, dann hätte er diesen Effekt auch mit der Tasse Kaffee erzielt. Oder diente der Donut insgeheim als Vorwand für eine kurze Arbeitsunterbrechung? Dann hätte auch der kurze Plausch mit dem Kollegen oder der Spaziergang genügt.

Die Selbstbeobachtung dokumentieren

Um die wahre Ursache für seine Gewohnheit herauszufiltern, griff Duhigg zu zwei Tricks: Zunächst notierte er die ersten drei Gedanken, die ihm spontan in den Sinn kamen, wenn er nach den beschriebenen Ersatz-Handlungen in sein Büro zurückkehrte. Genauer gesagt handelt es sich dabei um Gedanken, Gefühle und Empfindungen wie z. B.: „entspannt; nicht hungrig; draußen ist gutes Wetter". Ziel war, eine schriftliche Basis zu schaffen, die er nach Abschluss der Experimentierphase zur Rückschau verwenden konnte.

Der zweite Trick bestand darin, sich einen Wecker zu stellen, der exakt nach 15 Minuten klingelte. Sobald der Klingelton ertönte, überprüfte Duhigg, ob er immer noch das Verlangen nach einem Donut verspürte. Wäre dies der Fall gewesen, so hätte tatsächlich der Hunger dahintergestanden, nicht eine Belohnung, die er sich auch durch die Alternativen verschaffen konnte.

Mit dieser Strategie der Selbstbeobachtung fand Duhigg am Ende tatsächlich heraus, welche Belohnung sich wirklich hinter der „Donut-Gewohnheit" verbarg: kurzfristige Zerstreuung und Geselligkeit. Von da an suchte sich Duhigg täglich gegen 15.30 Uhr im Großraumbüro der Redaktion einen Kollegen, mit dem er einen kurzen Plausch halten konnte. Nach 10 bis 15 Minuten kehrte er dann zurück an die Arbeit, und die Gelüste nach dem Donut waren verflogen.

Zur Entschlüsselung des Belohnungseffekts gilt es, sich zunächst beim Ablauf der Gewohnheit selbst zu beobachten und dann mit anderen, besseren (z. B. gesünderen) Belohnungen zu experimentieren. Wenn man eine alternative Belohnung für sich entdeckt hat, kann man Schritt für Schritt die alte gegen die neue Gewohnheit austauschen.

4.3 Die fünf Schritte zur Veränderung

Die folgende Anleitung und das dort beschriebene Beispiel dienen als Vorlage, die Ihnen zeigt, wie Sie eine unliebsame Gewohnheit verändern können. Nehmen Sie sich ausreichend Zeit und beantworten Sie die Fragen schriftlich und so ausführlich wie möglich. Nur so entstehen Klarheit und Verbindlichkeit. Machen Sie sich an dieser Stelle nochmals bewusst, dass das Ablegen von Gewohnheiten ein Prozess ist, der eine gewisse Zeit dauert und gerade am Anfang Geduld und Beharrlichkeit erfordert. Je intensiver und akribischer Sie sich mit der folgenden Anleitung beschäftigen, desto eher wird Ihr Vorhaben von Erfolg gekrönt sein.

1. Benennen Sie die Gewohnheit!

Beispiel: *„Schon seit Langem habe ich mir angewöhnt, wenn ich mich um 20 Uhr zur Tagesschau auf die Couch setze, eine Tüte Chips zu essen. Wider besseren Wissens und trotz meines schlechten Gewissens ist es mir bisher nicht gelungen, mich von dieser Gewohnheit zu lösen bzw. sie einzudämmen.“*

2. Identifizieren Sie den Auslöser!

Was passiert unmittelbar vor der Gewohnheit? Wo befinden Sie sich? Wie spät ist es? Wie fühlen Sie sich? Woran denken Sie?
Beispiel: *Bevor ich mich abends gegen 20 Uhr (Zeit) auf*

meine Couch (Ort) setze, gehe ich in die Küche und hole
mir eine Tüte Chips. Ich fühle mich müde und ausgepowert von einem langen, stressigen Arbeitstag und denke,
dass ich mir die Tüte Chips redlich verdient habe.

Als Nächstes geht es darum, den Auslöser bewusst wahrzunehmen und die Aufmerksamkeit für das Auftreten der
Gewohnheit zu schärfen. Dies ist von zentraler Bedeutung, weil dieser Prozess normalerweise unbewusst ab-
läuft. In dieser ersten Phase geht es noch nicht darum, das
Verhalten zu ändern, sondern lediglich darum, den Auslöser bewusst wahrzunehmen und spürbar zu machen.

Am besten machen Sie sich Notizen, z. B. *„Ach ja, da sind
sie wieder, die Gelüste nach den Chips."* Machen Sie eine
Strichliste, kleben ein Post-it an die Wand oder überlegen Sie sich eine andere Methode, um den Auslöser der
Gewohnheit ans Tageslicht zu fördern und sichtbar zu
machen. Diese Wahrnehmungs-Strategie sollten Sie
mindestens eine Woche lang durchführen.

3. Entdecken Sie den Belohnungseffekt!

Während Sie dabei sind, den Auslöser zu identifizieren,
wird in Ihnen schon automatisch die Frage nach dem
„Warum" aufsteigen. Jetzt ist der Zeitpunkt gekommen,
die echte Ursache des Verlangens zu ergründen. Stellen
Sie sich dazu die folgenden Fragen:

- Warum mache ich das?
- Was bekomme ich dafür?
- Was würde mir fehlen bzw. was würde ich vermis-
  sen, wenn ich auf diese Gewohnheit verzichte?

Im Beispiel könnte die Antwort lauten: *„Ich mache das, um mir nach einem langen Arbeitstag etwas Gutes zu tun und mich zu belohnen. Das entspannt mich und gibt mir (kurzfristig) das Gefühl der Zufriedenheit. Es erinnert mich an meine Kindheit, da ich damals eine Tüte Chips bekommen habe oder mir selbst eine kaufen durfte, wenn ich eine gute Note geschrieben oder bei der Gartenarbeit geholfen habe. Gleichzeitig stellt für mich das Chipsessen auf meiner gemütlichen Couch eine Art Abschlussritual des Arbeitstages dar und läutet den Beginn der Nachtruhe ein.“*

4. Finden Sie eine Ersatzgewohnheit!

Nun geht es darum, eine Ersatzhandlung zu finden, die dieselben Gefühle auslöst. Im Beispiel geht es also um die Frage: *„Was kann ich alternativ tun, um mich am Ende des Tages entspannt und zufrieden zu fühlen? Welche Möglichkeiten habe ich, die denselben emotionalen Effekt auslösen wie die Chips?“*

Statt Chips zu essen könnten Sie beispielsweise entspannende Musik auflegen und eine Kerze anzünden, um Gemütlichkeit zu schaffen. Sie könnten mit erlesenen Teesorten experimentieren und sie aus Ihrer Lieblingstasse trinken. Vielleicht wäre dies sogar in einem anderen Zimmer möglich, um so die Auslöser Couch und Fernseher zu eliminieren?

Gleichzeitig könnten Sie es einmal mit einem spannenden Buch als Alternative zum Fernsehen versuchen. Auch ein kurzer Spaziergang als abendliche Entspannung wäre

eine Möglichkeit, ebenso ein wohltuendes Bad oder eine
kurze Meditation.

5. Üben Sie Ihre neue Gewohnheit ein!

Nun stehen Sie am Beginn des Weges, sich gezielt und systematisch eine neue Gewohnheit anzutrainieren. Versuchen Sie bewusst, das bisher Beschriebene zu nutzen und in Ihre Veränderungsstrategie einzubauen. Eine Beschreitung der einzelnen Schritte finden Sie in Kapitel 5. Dort erfahren Sie, wie ein erfolgreiches „Trainingsprogramm für den Kopf" aussehen kann.

→ **Stärken Sie Ihre Selbstdisziplin!**

Ihre Selbstdisziplin ist geschwächt, wenn Sie müde, ausgepowert und gestresst sind. Der Sozialpsychologe Roy Baumeister hat in seinem gemeinsam mit John Tierney verfassten Buch „Die Macht der Disziplin" nachgewiesen, dass unsere Willenskraft und Selbstdisziplin geschwächt sind, wenn wir müde oder mental ausgepowert sind. Versuchen Sie daher gerade zu Beginn, immer dafür zu sorgen, dass Sie nicht in einem ausgepowerten Zustand an den Start gehen. Bauen Sie an stressigen Tagen regelmäßige Pausen ein, halten Sie mittags einen Power-Nap und stellen Sie sicher, dass Sie nicht hungrig sind, wenn es darum geht, den Vorsatz umzusetzen.

Auslösereiz, Ablauf der Gewohnheit und Beloh-
nungseffekt bilden zusammen eine Gewohn-
heitsschleife. Wer sich von einer Gewohnheit
trennen will, sollte sich zunächst wie ein Wissen-
schaftler eine Weile selbst beobachten und sich
diese Abläufe bewusst machen. Der Weg zur Ver-
änderung umfasst dabei fünf Schritte:

- *die Gewohnheit benennen,*
- *die Auslöser aufspüren,*
- *den Belohnungseffekt entdecken,*
- *eine Ersatzgewohnheit finden und*
- *die neue Gewohnheit systematisch einüben.*

30 MINUTEN

Welche Rolle spielt die innere Einstellung?

Seite 74

Warum reicht positives Denken allein nicht aus?

Seite 80

Warum ist es wichtig, sich selbst zu belohnen?

Seite 86

5. Sich neue Gewohnheiten antrainieren

Das Trainingsprogramm, das ich Ihnen in diesem Kapitel beschreibe, nenne ich „Moving", denn es geht dabei in erster Linie um geistige Bewegung. Diese brauchen Sie, wenn Sie sich gezielt eine neue, gute Gewohnheit antrainieren möchten. Das gelingt, wenn Sie wissen, welche Schalter im Kopf zu bedienen sind, damit Sie auf dem Weg zur Veränderung vor Selbstdisziplin und Durchhaltevermögen nur so strotzen. Dazu fasst „Moving" aktuelle Erkenntnisse der Motivations- und Emotionsforschung, der Verhaltenspsychologie sowie des mentalen Trainings zu einer gehirngerechten, einfach anwendbaren und hochwirksamen Anleitung zusammen. Mit dieser schaffen es selbst diejenigen, die sich für willensschwach und faul halten, ihren Vorsätzen dauerhaft Taten folgen zu lassen. Freuen Sie sich darauf! Durch das Ausfüllen der Checkpoints machen Sie dieses Buch zu Ihrem persönlichen Coach.

5.1 Den Veränderungsprozess starten

Schon zu Beginn des Veränderungsprozesses können Sie viel dafür tun, um Ihre Erfolgsaussichten deutlich zu erhöhen. Machen Sie deshalb zunächst Halt an den folgenden Checkpoints.

Benennen Sie Ihre Beweggründe!

Ein Mensch kann sich selbst nur dann dauerhaft zu einer Gewohnheitsveränderung motivieren, wenn zwei grundlegende Voraussetzungen gegeben sind: Zum einen muss es ein ureigenster Wunsch sein, d. h., die angestrebte Veränderung sollte eine echte Herzensangelegenheit darstellen. Sie darf nicht anderweitig gelenkt sein, was der Fall ist, wenn man beispielsweise einer Modeerscheinung folgt oder nur dem Partner zuliebe ins Fitnessstudio geht.

Zum anderen muss die persönliche Kosten-Nutzen-Rechnung aufgehen. Wer seine Trägheit überwinden möchte, für den muss der zu erwartende Nutzen den zu investierenden Aufwand übertreffen. Es muss klar sein, dass sich die Investition langfristig auch lohnen wird. Wer sich z. B. vornimmt, regelmäßig zu joggen, der muss wissen, was ihm das auf lange Sicht bringt.

Reflektieren Sie die folgenden Fragen, bevor Sie sich dem ersten Checkpoint widmen:

- Wie würde ich mich fühlen, wenn ich diese Gewohnheit tatsächlich hätte?

- Wie würde mein Umfeld darauf reagieren?
- Welcher langfristige Nutzen würde für mich entstehen?

Checkpoint 1: Weshalb wollen Sie diese neue Gewohnheit etablieren? Benennen Sie Ihre Beweggründe:

_____

_____

_____

Überprüfen Sie Ihre Einstellung!

Die Einstellung, mit der man sich auf den Weg macht, hat eine zentrale Bedeutung für den Erfolg. „Der Glaube versetzt Berge!", weiß der Volksmund. Präziser müsste es heißen, dass es der Glaube an sich selbst ist, der die Berge versetzt. Glaube und Zuversicht spielen eine entscheidende Rolle für das Gelingen. Psychologen sprechen hier von der Selbstwirksamkeitserwartung. Wer tief in seinem Inneren davon überzeugt ist, das abgesteckte Ziel erreichen zu können, wenn er sich nur richtig anstrengt, dessen Erfolgsquote ist um ein Vielfaches höher als die von jemandem, der mit Selbstzweifeln und Unsicherheit an den Start geht.

Neben der Selbstwirksamkeit spielt auch der Herausforderungscharakter des Vorhabens eine wichtige Rolle, wenn es darum geht, sich selbst zu überwinden und zu neuen Zielen aufzubrechen. Tatsächlich zeigen Untersuchungen, dass unser Gehirn anstehende Aufgaben automatisch in die Kategorien „Herausforderung" oder „Bedrohung" unterteilt. Es reagiert umgehend mit der Ausschüttung entsprechender Botenstoffe, die uns entweder zuversichtlich oder ängstlich stimmen und somit dafür sorgen, dass wir glauben, Dinge erreichen zu können oder eben nicht.

Checkpoint 2: Sehen Sie Ihr anstehendes Veränderungsprojekt als eine Herausforderung an?

Ja ☐   Teilweise ☐   Nein ☐

Sind Sie bereit, zehn Wochen diszipliniert an sich zu arbeiten?

Ja ☐   Weiß nicht ☐   Nein ☐

Formulieren Sie Ihre Ziele!

Ziele sind mächtige Energiequellen. Damit Ziele Motivation entfachen können, müssen drei Voraussetzungen geschaffen werden:

1. Ziele sollten präzise formuliert sein.
2. Ihr Erreichen sollte mit einem klaren Termin verbunden sein.
3. Die Fortschritte sollten regelmäßig überprüft werden.

Besser als „Ich möchte mehr Sport treiben!" wäre also folgende Formulierung des Ziels: „Montags und mittwochs nehme ich um 18 Uhr an dem Aerobic-Kurs teil. Freitags fahre ich immer mit dem Fahrrad zur Arbeit!" Ein wesentliches Erfolgskriterium ist dabei das schriftliche Fixieren des Ziels. Vage Absichten werden dadurch zu konkreten Vorsätzen. Wichtig: Schreiben Sie Ihre Ziele per Hand auf! Dadurch werden diese im Gehirn besser verankert. Die daraus resultierenden Etappenziele sollten Sie in jedem Fall gut sichtbar im Kalender notieren.

Checkpoint 3: Formulieren Sie Ihre Ziele so exakt wie möglich!

_____

_____

_____

_____

_____

Entwickeln Sie Ihr Erfolgsbild!

Ähnlich, wie ein Architekt bereits vor Beginn der Planungen ein klares und lebendiges Bild von dem zu errichtenden Gebäude vor Augen hat, sollten auch Sie ein Erfolgsbild im Kopf haben. Denn unser Gehirn benötigt ein klares Vorstellungsbild, um ins Handeln zu kommen. Beim Erfolgsbild, auch Visualisierung genannt, ist es entscheidend, dieses Zukunftsszenario emotional aufzuladen und innerlich bereits zu spüren, wie es sein wird, wenn aus dem Vorstellungsbild Realität geworden ist. Fakt ist: Wenn Wille und Vorstellungskraft im Widerspruch stehen – d. h., wenn Sie sich nicht wirklich vorstellen können, erfolgreich zu sein –, gewinnt immer die Vorstellungskraft. Je besser Sie sich allerdings das Erfolgsszenario vorstellen können, also beispielsweise bereits fühlen können, wie es sein wird, wenn Sie wieder in Ihre Lieblingsklamotten passen oder den Zehn-Kilometer-Lauf schaffen, desto leichter werden Sie dieses Ziel auch erreichen.

Besonders empfänglich für die Arbeit mit inneren Bildern sind wir im sogenannten Alpha-Zustand. In diesem Übergang vom Wach- in den Schlafzustand kurz vor dem nächtlichen Einschlafen, der in der Regel nur wenige Minuten dauert, fährt das Gehirn seine Aktivität naturgemäß zurück und schwingt in einer ganz bestimmten Frequenz. In diesem speziellen Zustand – nicht mehr ganz wach, aber auch noch nicht schlafend – ist das Gehirn besonders aufnahmebereit für innere Bilder und Vorstellungen. Insofern geht es darum, diese unbewusst arbeitenden Potenziale des Gehirns gezielt zu nutzen und sich speziell vor dem Einschlafen mit Bildern der Erfolge zu programmieren, die man erreichen möchte. Da das Gehirn nachts nicht ruht, sondern nur auf eine Art Stand-by-Modus herunterfährt, wird es in dieser Zeit innerlich alles vorbereiten, um diese Vorstellungen in der Zukunft zu realisieren.

Das folgende Beispiel zeigt Ihnen, wie ein Erfolgsszenario für jemanden aussehen könnte, der sich vornimmt, einen Zehn-Kilometer-Lauf zu schaffen: *„Ich sehe mich, wie ich in zehn Wochen voller Kraft, Energie und Elan 10 km an einem Stück erfolgreich zurücklege, ohne dabei eine Gehpause zu benötigen. Ich spüre die enorme Zunahme meiner körperlichen Leistungsfähigkeit, die sich auch dadurch zeigt, dass ich nicht außer Atem komme. Ich genieße das Laufen und verspüre eine nie gekannte Leichtigkeit. Ich bin stolz, dass ich in diesen zehn Wochen einen Leistungssprung gemacht habe, den ich anfangs nicht für möglich gehalten hatte, und merke, dass es mir in allen Lebenslagen besser geht als zuvor. Ich möchte diese Erfahrung nicht missen und werde mein neues, sportliches Leben auch in Zukunft aufrechterhalten!"*

Checkpoint 4: Entwickeln Sie Ihr Erfolgsbild!

_____

_____

_____

_____

_____

Verschaffen Sie sich zu Beginn Ihres Veränderungsprojekts Klarheit über Ihre Beweggründe, überprüfen Sie Ihre innere Einstellung, fixieren Sie Ihre Ziele schriftlich und entwerfen Sie Ihr persönliches Erfolgsbild.

5.2 Das Durchhaltevermögen stärken

Der Plan ist geschmiedet, die Zielvision verankert, wer oder was könnte jetzt noch dazwischenkommen? Die Erfahrung zeigt, dass man gut beraten ist, sich bereits im Vorfeld auf mögliche Stolpersteine vorzubereiten.

Bereiten Sie sich auf Hindernisse vor!

Die Psychologieprofessorin Gabriele Oettingen hat ein spezielles Konzept entwickelt, bei dem es darum geht, sich bereits im Vorfeld mit möglichen Hindernissen auseinanderzusetzen. Diese mentale Gefahrenvorbereitung wirkt unbewusst und liefert Energie, falls die Hindernisse tatsächlich in der Realität auftreten sollten.

Oettingen hatte in ihren langjährigen Studien immer wieder folgende Beobachtung gemacht: Diejenigen, die sich allzu positiv und optimistisch an eine Aufgabe machten, waren am Ende bei Weitem nicht so erfolgreich wie diejenigen, die sich zwar auch mit einer positiven Grundeinstellung ans Werk machten, sich aber schon zu Beginn mit möglichen Hindernissen und Stolpersteinen beschäftigten. Mit anderen Worten: Naives positives Denken allein genügt nicht. Skeptiker, die sich mental auf mögliche Hindernisse vorbereiten, sind nachweislich erfolgreicher.

In ihren Studien konnte Oettingen nachweisen, dass Menschen, die die Vorbereitung einer Prüfung allzu optimistisch angehen, Gefahr laufen, die Prüfung auf die leichte Schulter zu nehmen. Sie scheitern etwa dreimal so häufig wie diejenigen, die sich bewusst sind, dass die Prüfung schwierig wird und dass es alles andere als sicher ist, dass sie diese bestehen. Oettingen spricht in diesem Zusammenhang von einer realistisch-pessimistischen Einstellung und nennt diese Methode mentales Kontrastieren. Das bedeutet: Wer sich präventiv im Kopf auf den Ernstfall vorbereitet und geistig „probehandelt", hat deutlich bessere Chancen, den erwarteten Widerstand zu überwinden, als derjenige, der sich völlig unvorbereitet auf den Weg macht.

Checkpoint 5: Benennen Sie mögliche Hindernisse und legen Sie eine Strategie fest, mit der Sie diesen begegnen können!

_____

_____

_____

Verpflichten Sie sich!

Um das Motiv zur Intention werden zu lassen und die Willenskraft zu entfachen, empfiehlt sich eine Methode, die ich als „Moving"-Wette bezeichne. Dahinter verbirgt sich die Erfahrung, dass in aller Regel ein gewisser Druck von außen nicht schadet, wenn es darum geht, die Komfortzone zu verlassen. Vor allem für den Zeitraum der „magischen" zehn Wochen wirkt diese Wette wie ein Wundermittel.

Die „Moving"-Wette ist im Prinzip ein Vertrag mit sich selbst. Im Rahmen der Wette verpflichtet man sich freiwillig zu einer Sanktion, sollte man die Umsetzung seines Vorsatzes nicht konsequent über die „magischen" zehn Wochen hinweg durchhalten. Der sich dahinter verbergende Ansatz ist denkbar einfach: Die Angst vor der Sanktion ist größer als die Macht des inneren Schweinehunds! Durch diese Selbstverpflichtung installieren Sie Ihre persönliche Abschreckungsstrategie. Sanktionen verfolgen ja bekanntlich den Zweck, sicherzustellen, dass man sich so verhält, dass diese nicht eintreten. Die Wette bezieht sich lediglich auf den Zeitraum der „magischen" zehn Wochen, danach sollte der „Point of no return" erreicht sein.

Den Wetteinsatz legen Sie selbst fest. Wichtig ist, dass es sich um eine Maßnahme handelt, die definitiv unangenehm ist und richtig „weh" tut. Sie können in Ihrer Familie, mit Ihrem Freundeskreis oder mit Arbeitskollegen eine Wette abschließen oder Sie können sich zu einer Spende für eine wohltätige Organisation verpflichten. Der Wetteinsatz zum Vorsatz, zehn Wochen lang zweimal wöchentlich zu joggen, kann beispielsweise darin bestehen, im Falle des Scheiterns eine Woche lang allein den Haushalt zu führen, dem Partner als „Butler" zur Verfügung zu stehen, samstags auf die Sportschau zu verzichten, zehn Kollegen das Auto innen und außen zu waschen oder gar die Schwiegermutter fürs Wochenende einzuladen ... Ihrer Fantasie sind keine Grenzen gesetzt.

Finanzielle Einsätze sind ebenfalls geeignet und motivieren vor allem dann, wenn man sie schon vorab an einen Freund übergibt, der als Treuhänder fungiert und das Geld erst dann zurückgibt, wenn der Vorsatz tatsächlich umgesetzt ist. Verstärken lässt sich der Effekt, wenn Sie Ihren gesamten Freundeskreis von der Wette in Kenntnis setzen.

Checkpoint 6: Legen Sie den Wetteinsatz Ihrer persönlichen „Moving"-Wette fest!

_____

_____

_____

Steuern Sie Ihre inneren Dialoge!

Die Kontrolle unserer Gespräche mit uns selbst stellt ein wichtiges Instrument für unsere Motivation und Selbstkontrolle dar. Nur allzu oft herrschen wir uns an, gehen hart mit uns ins Gericht, sind ungeduldig und genervt, beschimpfen uns sogar und schaffen so ein Klima, in dem das Scheitern vorprogrammiert ist. Von Spitzensportlern ist dagegen bekannt, dass sie lernen, den inneren Dialog systematisch für sich zu nutzen. Der innere Dialog ist eine wirksame Waffe im Kampf um den Erfolg, vor allem dann, wenn Selbstzweifel aufkommen oder der innere Schweinehund sich meldet. Die folgenden Leitlinien für den inneren Dialog helfen Ihnen, sich selbst zu motivieren.

1. Sprechen Sie in der Ich- und Du-Form!

Sprechen Sie von sich in der Ich-Form und sprechen Sie den inneren Schweinehund mit „Du" an. Diese Trennung sorgt für die nötige Distanz. So wird die Basis für ein freundliches Gespräch gelegt.

2. Bleiben Sie im Hier und Jetzt!

Wenn sich der Schweinehund meldet, so halten Sie einen Moment inne, indem Sie zwei oder drei tiefe Atemzüge machen. So unterbrechen Sie den gewohnheitsmäßigen inneren Konflikt und gewinnen Zeit, um jetzt anders zu handeln als in der Vergangenheit.

3. Bleiben Sie nett, aber bestimmt!

Auch Schweinehunde mögen es nicht, wenn sie beschimpft und angeschrien werden. Seien Sie daher einfühlsam und rücksichtsvoll, aber machen Sie klar, dass ein neuer Weg eingeschlagen wird.

4. Lächeln Sie innerlich!

Der gesamte innere Dialog sollte nicht zu verbissen und ernst ablaufen. Sehen Sie ihn als inneres Spiel und nicht als Kampf gegen sich selbst an. Zwinkern Sie Ihrem Schweinehund ruhig mal zu, allerdings ohne Zweifel daran zu lassen, wer Chef im Ring ist.

Checkpoint 7: Erklären Sie Ihrem inneren Schweinehund nett, aber bestimmt, dass Sie es mit Ihrem Vorsatz ernst meinen!

_____

_____

_____

_____

Suchen Sie sich Verbündete!

Bei größeren Veränderungen ist es ratsam, sich Verbündete zu suchen. Der Mensch ist ein soziales Wesen, und die Menschen um uns herum haben einen großen Einfluss darauf, wie wir denken und fühlen. Als „soziale Ansteckung" bezeichnen Psychologen das Phänomen, dass wir Verhaltensweisen aus unserem sozialen Umfeld übernehmen, meist ohne uns dessen überhaupt bewusst zu sein.

Der Mensch tut sich bei Veränderungsprozessen leichter, wenn er mit der Unterstützung anderer rechnen kann. Sowohl der Erfolg der Weight Watchers als auch der der Anonymen Alkoholiker ist, neben dem Vorhandensein klarer Regeln, stark auf diese soziale Komponente zurückzuführen. Es ist also von Vorteil, Veränderungen nicht im stillen Kämmerlein, sondern in der Gemeinschaft zu vollziehen. Schon allein ein gutes Gespräch kann wie Balsam für die Seele wirken und in einer Schwächephase helfen, wieder auf die Erfolgsspur zu kommen. Machen Sie sich daher bereits im Vorfeld eine Liste von Personen, die für Sie als Kraftquellen in kritischen Phasen da sein können.

Checkpoint 8: Listen Sie die Menschen auf, von denen Sie sicher sind, dass sie Sie bei Ihrem Veränderungsprozess unterstützen werden!

_____

_____

_____

Verbinden Sie in Ihrer persönlichen „Moving"-Wette Ihren Vorsatz mit einem Wetteinsatz. Wenn Sie sich vorab gedanklich auf Hindernisse vorbereiten, Ihren inneren Dialog als Hilfsmittel einsetzen und sich Verbündete suchen, werden Sie die Wette gewinnen.

5.3 Die Erfolge wahrnehmen

Mithilfe der bisher beschriebenen Strategien und Hilfsmittel wird es Ihnen leichtfallen, Ihren Vorsatz umzusetzen, und früher oder später werden sich die ersten Erfolge einstellen. Ein Grund zu Freude – nun gilt es, diese Erfolge auch bewusst wahrzunehmen!

Dokumentieren Sie Ihre Erfolge!

Erfolge lassen sich schwarz auf weiß besser genießen. Daher ist es ratsam, den Weg seiner Veränderung zu dokumentieren. Einerseits ist es wichtig, sich Erfolgserlebnisse bewusst zu machen, andererseits sind gerade zu Beginn Fortschritte oft nicht sofort deutlich sichtbar. Insofern sollte man sich Maßnahmen überlegen, um bereits kleine Erfolge sichtbar zu machen. Sie können beispielsweise beim Joggen für jeden zurückgelegten Kilometer einen Strich in Ihrem Kalender machen, für jede abgeschlossene Einheit einen Euro in ein Glas stecken, für jeden Trainingstag einen Sticker an den Spiegel im Bad kleben etc.

Checkpoint 9: Halten Sie hier Ihre ersten Erfolge fest!

_____

_____

_____

Belohnen Sie sich!

Motivationspsychologen wissen, dass sich neue Erfahrungen besser einprägen, wenn man sich für erbrachte Leistungen belohnt. Gerade diese kleinen Freuden stellen wichtige Erfolgsfaktoren dar. Wer sich z. B. sagt: „Wenn ich nach meiner Strichliste zehnmal gejoggt bin, gönne ich mir und meiner Frau einen Theaterbesuch!", erhöht nachweislich seine Erfolgschancen.

Checkpoint 10: Wie werden Sie sich für das Erreichen der Etappenziele belohnen?

_____

_____

_____

Wie erfolgreich wir bei der Veränderung unserer Gewohnheiten sind, hängt stark von unserer persönlichen Einstellung ab. Zunächst gilt es, das Ziel zu definieren und daraus eine Strategie zu entwickeln, die sich wiederum an den Grundsätzen der Motivationspsychologie orientiert.

Mentale Trainingstechniken bereiten das Gehirn auf den Veränderungsprozess vor und sorgen dafür, dass die entsprechende Energie, aus der sich Optimismus und Selbstdisziplin speisen, entstehen kann. Auch negative Denkgewohnheiten lassen sich durch mentales Training beseitigen.

Nicht zuletzt ist es wichtig, auch Erfolge ganz bewusst wahrzunehmen und sich schon für das Erreichen der Etappenziele zu belohnen. Das erhöht die Chancen, auf Dauer erfolgreich zu sein.

Fast Reader

1. Zwischen Wunsch und Wirklichkeit

Über die Hälfte aller Deutschen nimmt sich zum Jahreswechsel vor, sich von einer oder mehreren unliebsamen Gewohnheiten zu trennen bzw. einen Vorsatz umzusetzen. Jedoch schafft es weniger als ein Viertel, den Absichten dauerhaft Taten folgen zu lassen. Dabei fehlt es meist nicht am Willen, sondern an der richtigen Strategie.

Veränderung ist möglich. Entscheidend dafür sind

- **das Wissen darüber, wie Selbstveränderung aus psychologischer Sicht funktioniert, und**
- **eine gehirngerechte Strategie.**

2. Was sind eigentlich Gewohnheiten?

Die Psychologie beschreibt eine Gewohnheit als Tendenz des Menschen, in wiederkehrenden Situationen in gewohnter oder mechanischer Weise zu handeln, ohne dabei nachdenken zu müssen. Mehr als 50 % unseres Alltags erledigen wir gewohnheitsmäßig.

Gewohnheiten sind sinnvoll, denn sie
- **entlasten das Leben, da man über bestimmte Dinge nicht mehr nachdenken muss.**
- **geben dem Alltag Struktur und vermitteln ein Gefühl von Sicherheit.**
- **sind im Vergleich zu bewussten Handlungen sehr energiesparend.**

3. Wie entstehen Gewohnheiten?

Gewohnheiten entstehen in der Regel unbewusst. Die Erziehung, unsere Umgebung, aber auch unser Charakter prägen unsere Gewohnheiten.
Das Gehirn lernt nach dem Prinzip der Wiederholung. Dadurch verbinden sich Gehirnzellen zu sogenannten neuronalen Netzwerken, die ab einem gewissen Zeitpunkt die Gewohnheiten als eigenständige Programme verwalten.

Neue Gewohnheiten lassen sich systematisch
antrainieren:
- *Je öfter ein Vorgang wiederholt wird, desto mehr Spuren entstehen im Gehirn.*
- *Das Etablieren einer neuen Gewohnheit dauert etwa zehn Wochen.*
- *Ab dem „Point of no return" läuft das neue Verhalten praktisch von allein ab.*

4. Sich von Gewohnheiten trennen

Als Gewohnheitsschleife bezeichnet man das Zusammenspiel von Auslösereiz, dem Ablauf der Gewohnheit und dem damit verbundenen Belohnungseffekt.
Zu verstehen, dass auch negative Gewohnheiten eine positive Wirkung entfachen, eröffnet die Chance, sich diesen Belohnungseffekt anderweitig zu besorgen. Nur wenn das gelingt, hat man eine Chance, sich dauerhaft von unliebsamen Gewohnheiten zu befreien.

Das Ablegen unliebsamer Gewohnheiten verläuft in fünf Schritten:
- *Benennung der Gewohnheit,*
- *Identifizierung des Auslösers,*
- *Entdeckung des Belohnungseffekts,*

- *Finden der Ersatzbelohnung,*
- *Einüben der neuen Gewohnheit.*

5. Sich neue Gewohnheiten antrainieren

Ob die Umsetzung von Vorsätzen oder die Verän-derung von Gewohnheiten gelingt, hängt stark von der persönlichen Einstellung und der Art und Weise ab, wie man mental an das Veränderungs-projekt herangeht. Wer bereit ist, über einen Zeit-raum von zehn Wochen intensiv am Einüben ge-wünschter Gewohnheiten zu arbeiten, hat beste Chancen, dass diese nach diesem Zeitraum in Fleisch und Blut übergegangen sind.

Folgende Tipps helfen Ihnen, sich gezielt eine neue Gewohnheit anzutrainieren:
- *Benennen Sie Ihre Beweggründe!*
- *Überprüfen Sie Ihre Einstellung!*
- *Formulieren Sie Ihre Ziele!*
- *Entwickeln Sie Ihr Erfolgsbild!*
- *Bereiten Sie sich auf Hindernisse vor!*
- *Verpflichten Sie sich!*
- *Steuern Sie Ihre inneren Dialoge!*
- *Suchen Sie sich Verbündete!*
- *Dokumentieren Sie Ihre Erfolge!*
- *Belohnen Sie sich!*

Der Autor

Markus Hornig, zertifizierter betrieblicher Gesundheitsmanager der Uni Bielefeld, Heilpraktiker für Naturheilkunde und Psychotherapie und Diplom-Mentaltrainer, ist Geschäftsführer der MOVING Gesundheitsmanagement GmbH, die maßgeschneiderte Präventionsprogramme für Unternehmen entwickelt. (www.moving-gesundheits-management.de)
Sein Interesse gilt der Führungskräfteentwicklung und der Frage, welche Rahmenbedingungen eine Unternehmenskultur bieten sollte, damit Mitarbeiter dauerhaft Lust auf Leistung entwickeln.
Des Weiteren ist Markus Hornig als Coach im Spitzensport tätig. Seit Oktober 2011 ist er als Mentaltrainer im Trainerteam der deutschen Frauenfußball-Nationalmannschaft, die 2013 Europameister wurde.

Kontakt:
Website: www.markushornig.com
E-Mail: mh@markushornig.com

Weiterführende Literatur

- Baumeister, Roy; Tierney, John: Die Macht der Disziplin. Goldmann, Frankfurt, 2012

- Duhigg, Charles: Die Macht der Gewohnheit. Warum wir tun, was wir tun. Berlin Verlag, Berlin, 2012

- Forsa-Umfrage im Auftrag von DAK-Gesundheit: Gute Vorsätze für das Jahr 2015. http://www.dak.de/dak/download/Forsa-Umfrage_Gute_Vorsaetze_2015-1533874.pdf?

- Guise, Stephen: Viel besser als gute Vorsätze: Wie Sie mit Mini-Gewohnheiten Maxi-Erfolge erleben. VAK, Kirchzarten, 2015

- Heckhausen, Heinz; Heckhausen, Jutta: Motivation und Handeln. Springer, Berlin, 2010

- Hüther, Gerald: Die Macht der inneren Bilder. Vandenhoeck und Ruprecht, Göttingen, 2015

- Kahneman, Daniel: Schnelles Denken, langsames Denken. Random House, München, 2012

- Martens, Jens-Uwe; Kuhl, Julius: Die Kunst der Selbstmotivierung. Kohlhammer, Stuttgart, 2014

- Mischel, Walter: Der Marshmallow-Test. Siedler, München, 2015

- Oettingen, Gabriele: Die Psychologie des Gelingens. Pattloch, München, 2015

- Rudolph, Udo: Motivationspsychologie. Beltz, Landsberg, 2003

- Singer, Wolf; Ricard, Matthieu: Hirnforschung und Meditation. Ein Dialog. Suhrkamp, Frankfurt a. M., 2008

- Stöger, Gabriela; Vogl, Mona: Gewonnen wird im Kopf, gestolpert auch! 7 Strategien gegen Selbstsabotage. Orell Füssli, Zürich, 1999

- Strack, Fritz; Deutsch, Roland: Reflective and Impulsive Determinants of Social Behavior. In: Personality and Social Psychology Review (2004) 8(3), S. 220–247

- Westerhoff, Nikolas: Die Illusion vom großen Wandel. In: Süddeutsche.de/Wissen. 17.05.2010. http://www.sueddeutsche.de/wissen/psychologie-die-illusion-vom-grossen-wandel-1.211547

Register

Auslösereiz 38, 52, 56-60, 62, 71, 91

Autopilot 20f., 24ff., 34, 36, 38

Belohnungseffekt 51-55, 62, 64, 66, 68, 71, 91

Beweggründe 74f., 79, 92

Dialog, innerer 83f., 86, 92

Einstellung 20, 30f., 75, 79ff., 88, 92

Energie sparen 17, 25, 28, 31, 90

Entscheidung 14f., 21ff., 25, 36, 38, 44, 56

Erfolg 9f., 20, 41, 47, 67, 75, 78, 83, 86ff., 92

Ersatzgewohnheit 65, 69, 71, 92

Netzwerke, neuronale 39, 42, 90

Neujahrsvorsatz 9ff., 15

Point of no return 43, 48, 82, 91

Routine 12, 18, 23, 25, 45, 55, 58

Schweinehund, innerer 11, 14f., 44, 48, 82, 84f.

Strategie 9, 12, 14f., 17, 33, 44, 46, 48f., 52, 58, 63, 66, 68, 70, 81f., 86, 88f.

Trigger 57ff.

Umgebung 46, 59, 90

Veränderungsprozess 12f., 20, 46, 58, 74, 85f., 88

Verbündete 85f., 92

Verpflichtung 81f., 92

Visualisierung 77

Wiederholung 41ff., 45, 49, 90f.

Ziel 7, 11, 15, 31, 53, 58, 66, 75-80, 88, 92